プロの小説家が教える

クリエイターのための

名付けの技法書

For Creators Naming Technique Book

著 秀島迅

日本文芸社

〝名付けの技法〟を体得すれば完成度の高い作品が生み出せる

つねづね疑問に感じていました。

巷には、物語の創作指南をはじめ、小説・作家研究、文学理論に関する書籍が山のように出版されているにもかかわらず、物語創作の礎ともいえる「名付け」に関する本はほとんどないということに。

「ならば、私が」という思いで一念発起し、今まで培った名付け技法を一刻も早く多くの方々と共有したく、一心不乱に筆を走らせた次第です。

私自身、創作意欲に目覚め、小説家を志して長編小説を年に3〜4作書いては出版社主催の新人賞に応募していた頃は、作中のあらゆる名付けに四苦八苦したものです。当時は物語創作の右も左もわからない悩める素人でした。それでもネット検索すれば、プロットの書き方や起承転結、三幕構成のポイントなど、たいていの基本的な執筆作法は調べられました。

しかしながら、主人公をはじめとする登場人物の名付けについてのコツやノウハウは、非常に限定的かつ信憑性の乏しいソースばかり。しかも物語を書くにあたって名付けが必要なのは、登場人物だけにとどまりません。

たとえば、ヒーローの必殺技、悪役の武器や魔法、異世界名、主人公が通う高校や会社、外国人の名前、宇宙人や怪獣などなど——枚挙にいとまがありません。そればかりか、章タイトルや作品タイトルも付けなければならないし、作中で町名や有名人などの固有名詞を表記する際、どういう点に気をつけるべきか、といった初歩的な疑問も尽きませんでした。

そんなわけで〝？〟が頭に浮かぶたび、個別にネット検索するのですが、莫大な時間と労力を要するうえ、実際に役立つ理路整然とした情報にめぐり合えるのは非常に稀でした。物語創作における名付けや命名表記に関する事案は、個々が大きなテーマでないため、ネットや専門書での扱いが限定的だったことも、労多くして報われない一因だったと思います。

以来、創作活動をはじめて３年後、縁あってなんとか大手出版社からメジャーデビューでき、書き下ろしの長編小説を単行本で刊行することができたものの、まだまだ創作中級クラス以下の知見とノウハウしか私にはありませんでした。

新しい作品に取り組むたびに、相変わらずネット検索で孤軍奮闘しながら、〝？〟の回答を求めて調べものの長旅に没入していたのです。

それから早５年が経過。小説以外にもじつに多くの本や文章の仕事をプロとして経験するうち、なんとかひとかどの知識を体得し、現在に至ります。

さてさて、ずいぶん前置きが長くなりました。

本書は前述の通り、かつての自分のように強い創作願望を抱いて実際に物語を書きはじめてみたものの、今ひとつ名付けに関して疑問や不安が残る、あるいは自信が持てないという方々に向けたガイドブックであり参考書です。

日本語による命名はもちろん、外国語での名付け方、モチーフの選定、世界観別の解説と、多角的視点で幅広い分野を網羅しているうえ、小説、ラノベ、漫画、シナリオなど、創作ジャンルの垣根を越えて活用可能な全６章構成にしてあります。この１冊さえあれば、名付けについてのあらゆる〝？〟をオールクリアできるといっても過言ではないでしょう。

ぜひお手元に置き、執筆の手が止まったり名付けに悩みを抱えたりしたときは、本書を開いてみてください。

あなたの物語世界がさらに完成度の高い、素敵な作品に仕上がるはずです。

空想世界で息づく者たちに名前という生命を吹き込む

汝らに名前を授けよう

⟡ 〝名前＝人格〟という方程式がなければアイデンティティの形成にも影響が

　人は名前とともに生きていきます。

　何らかの願いや想いを託され、親から授けられた名前を生涯にわたって名乗り、まわりの誰かから名前を呼ばれて返事し、日々を暮らしています。

　当たり前のように、いつも自らのそばにある名前——。

　もしも、名前が存在しない世界だったらどうなるでしょうか。

　人は人を認識しながらも、呼称がないだけでコミュニケーションに多大な障壁が生まれるはずです。そればかりか〝名前＝人格〟という方程式が失われてしまえば、人のアイデンティティの形成にも信じがたい不具合が生じてしまうことでしょう。

◆ 記号や符号、識別番号でもなく 存在意義そのものに等しい

名前が現実世界で重要な役割を担うように、物語においても名前が存在しなければ、障壁や不具合だらけの不都合な世界に陥ってしまいます。

当然ですが、登場するキャラクターの判別に困るし、そもそも名前がなければどのように人物を認識すべきか困惑するばかりです。愛着も湧かなければ、物語世界に没入することもできません。

そうです。

物語においてキャラクターの名前とは、記号や符号、識別番号でもなく、存在意義そのものに等しいといっても過言ではないのです。

そのような考えに基づき、創作での名付けの大切さを意識して執筆の初期段階から取り組めば、おのずと作品のクオリティは向上し、生き生きとしたキャラクターが書けます。

何より作者であるあなた自身が、命名する登場人物たちの名前に想いを込めることで、読者にもそれがありありと伝わるでしょう。

◆ 書き手自身がキャラクターに 授ける名前を大好きになること

本書では表題をはじめ文中でも、極力「ネーミング」という言葉は用いず、「名付け」もしくは「命名」と表現してます。

物語創作で対象に名前を付ける行為は、マーケティングに基づいて固有の商品・サービスの情報を消費者に伝えるものではなく、あなたの空想世界に息づく者たちへ生命を吹き込むことに等しいからです。

そして名付けるうえでもっとも大切なのは、書き手がキャラクターに授ける名前を大好きになること。主人公でも敵役であっても、あらゆる対象の名前に愛着と親しみを持って、結末まで書き綴ってみてください。そうすれば、書き手のあなたが自身の名前とともに生きているように、キャラクターもまた物語世界であなたが名付けた名前とともに生きていきます。

名付けは閃きではなく
創意工夫で生み出される

◆ 天からアイデアが降ってくる？
断じてそんなことはあり得ない

　ストーリーはもちろんのこと、キャラクターの名付けも、一瞬の閃きで
ふっとアイデアが湧いてくるわけではありません。ごく稀に、「天からアイ
デアが降ってくる」という人がいます。そんなとき、黙って聞いてはいるも
のの、「断じてそんなことはあり得ない」と私は胸の内で叫んでいます。

　あらゆる創作は、つねに頭のなかで「面白い題材はないだろうか」「こうい
う話の展開はどうだろう」という創意工夫の末に、辛くも糸口が見えてくる
もの。まさに四六時中、何かに囚われたように物語を書くためのアンテナを
張りめぐらせ、七転八倒しながらも諦めずに追求していくと、薄暗い思考の
はるか先、アイデアらしきほのかな灯火が見えてきます。

◆ 役柄、外見、特性、性格に基づいて 姓名を決めていく

　登場するキャラクターたちの名付けに辿り着くにはプロセスがあります。

　まず、土台となる物語のジャンルとテーマをしっかり固めること。ここにブレや迷いがあっては先に進めません。本当に自分が書きたいものか、そして最後まで書き切る覚悟があるかを自身でしっかり見極めましょう。

　揺るぎない土台ができたなら、起承転結（あるいは三幕構成）のストーリーを考えます。頭のなかで思いついた物語を実際に組み立て、どのような流れで動いていくのか検証します。この段階で、主人公とライバル的存在のキャラクター像の具体的な造形がはじまります。

　大枠での起承転結が完成すると、今度はプロットに取り掛かります。物語の出来事（イベント）の原因と結果をつなげ【状況設定→複数の障害→解決】という因果関係による構成をまとめ上げます。

　ここで主だった登場人物が出揃います。各々の役柄を整理し、外見についてもイメージを固め、キャラクターの特性や性格まで掘り下げた人物像を具体化します。姓名は、これら役柄、外見、特性、性格に基づいて考え抜いたうえで、決めていかなければなりません。

◆ 〝将来こんな子に育ってほしい〟と 願いを託すのと同じ

　つまりキャラクターの名付けとは、物語の発想段階で安易に着手すべきものではないのです。「名は体を表す」というように、それぞれの人物像と役柄にもっともフィットする名前を試行錯誤しながら考察する必要があります。

　我が子を名付けるとき、親が〝将来こんな子に育ってほしい〟と願いを託すのと同じです。正義漢でまっすぐな主人公なら矜持と信念にふさわしい名を授け、極悪漢で残忍な敵役なら傍若無人ぶりにたがわない名を授けましょう。そうすることでキャラクター独自の印象が育まれて読者の感情移入を誘い、共感と感動を生む、心揺さぶられる物語になっていくのです。

読めば即戦力となる
知見とノウハウを網羅

◆「プロとしてデビューし食べるため」の あらゆる名付けの技法が満載

　本書の最大の特徴は、物語創作に深く関わる名付けについて、多角的かつ実践的な見地から追究、解説している点にあります。

　著者の私自身が長編小説の現役作家で、コピーライティングや映像シナリオも手掛けるプロフェッショナルの書き手なので、机上の空論的な小理屈や小難しいロジックは極力排し、あくまで実地経験から学んだ「プロとしてデビューし食べるため」のあらゆる技法を満載しました。

　読んだその日から〝クリエイターの即戦力として血となり肉となる〟知見とノウハウを網羅しています。そして本書で解説している内容の大半は、出版社の優秀な編集者と同業のプロ作家から学んだ、珠玉のテクニックについてです。

漢字の持つ語感、語意を吟味し
読者視点で愛されるキャラ名の付け方も

　実践編の4章以降で学べる具体的なプロ技法をいくつか紹介しましょう。登場人物の名付けはもちろん、漢字の持つ語感や語意を吟味した名付け、時代の変遷によるジェンダーレスな名前のポイントについても触れています。

　また、ファンタジー系物語で必須となるヒーローの名付けアプローチ、変化するヒーロー像にふさわしいキャラクター造形と名付けテクニックに言及しながら、今の読者が重要視するヒロイズムの多様性を解説。同時に、ヒーローの対極的存在である敵役や悪役の命名法についても紹介しています。

　さらに、フルネームの名付けのみならず、あだ名を用いた物語上の演出効果、1人称展開によって主人公に名前を持たせないオリジナリティと世界観構築のテクニックについて言及しているのが4章後半です。名前と時代性の関係について一歩踏み込んだ話では、大ヒットした往年の名作から学べる技法を深掘りしています。

小説投稿サイトの閲覧数と
PV数を伸ばすテクニックも公開

　5章前半では、駅や町などの地名、民間組織名・団体名を扱う際の注意点、ブランド名、身の回りの商品名・サービス名、アイドルをはじめとする芸能人の記述に関する重要なポイントを網羅。一方で、混同しがちな一般名称と登録商標の違い、「魔女」「賢者」「貴族」「皇帝」「騎士」といった単語の意外な秘話について触れています。

　今や無視できない小説投稿サイトでの閲覧数とPV数を伸ばすテクニック、〝売れる正攻法タイトル〟の大原則にフォーカスしているのは6章前半。タイトルを決めるタイミングや、タイトルの原石ワードを見つける技法を解説し、プロのノウハウを紹介しています。

　基礎から実践、応用編まで詳しく解説した本書を、ぜひあなたの目的に応じて活用してみてください。

1章
押さえておくべき名付けの大前提

2章
オリジナルの新しい言葉を作る

3章
外国語を駆使した名付けのコツ

4章
実践編① 創作キャラの名付けの技法

5章

実践編②　世界観の設定に必要な名付けの技法

6章

実践編③　タイトル・作品名の名付けの技法

書き込み式
クリエイターのための〝命名力〟検定

※本文中に記載した作家名はすべて敬称略。

1章

押さえておくべき
名付けの大前提

物語創作において、名前は登場人物の〝人となり〟を端的に
表し、作品の世界観にも大きく影響してきます。まずは名
付けに関する基礎的な知識を紹介します。

名付けの前提条件は
登場人物の差別化にあり

個性とインパクトを意識した名前を付けて
キャラクターそれぞれの〝人となり〟を伝えましょう

✦ 作品のクオリティとオリジナリティ、
世界観にも多大な影響を及ぼす

　小説やラノベといった文学系の物語において、登場人物の第一印象を大きく左右するのが名前です。漫画のようにビジュアルでキャラクターの人物像を表現できないため、〝人となり〟を文章化して読者に伝えなければなりません。その際、登場人物の名前は、そのキャラクターのイメージに計り知れないほど大きく作用します。

　たとえば、実生活であっても会う前に名前だけを見聞きして、その〝人となり〟について、頭のなかで想像をめぐらせることがありませんか?

　人は誰もが経験則によって、名前がもたらす人物像や性格の印象を、無意識に方向付けて判断する傾向にあります。まさに「名は体を表す」を地で行っているわけです。ここまで書けば、もうおわかりでしょう。

　物語に登場する人物の命名というのは、キャラクター造形も兼ねているのです。とりわけ主人公をはじめとする主要人物の名付けは、作品のクオリティとオリジナリティ、世界観にも多大な影響を及ぼします。

　さらには、書き手としての意識の高さ、センス、資質が問われます。

● 登場人物の命名における三大確認ポイント

① キャラクターにふさわしい名前になっているか?

② オリジナリティあふれる名前になっているか?

③ 安易すぎる名前を避け、ひとひねりの工夫を施しているか?

◆ 善玉にはひと目で好印象を抱かせる名前を付けよう

では、登場人物の名付けで、前提条件として意識すべき大切なポイントは何だと思いますか？

答えは、**個性であり、インパクトです。**

前述の通り、文章によってキャラクターの〝人となり〟を伝えなければならないため、名前自体でアイデンティティの差別化が図れるよう配慮します。

フラグやトリックで印象操作をしない限り、正義の味方、刑事、ヒーロー＆ヒロインといった善玉には、**ひと目で好印象を抱かせる名前を付けること。**逆に、悪の黒幕、殺し屋、シリアルキラーといった悪玉には、明らかに劣悪そうなインパクトある命名で、善玉とのギャップを意識しましょう。

命名に関する具体的な方法については、このあと本章でテーマ別に解説しますが、書き手ビギナーにありがちな凡ミスをひとつ挙げておきます。

それは『山本』と『山口』、『森川』と『小森』というように、同じ漢字が重複する命名をしてしまうこと。しばし読者が混乱します。基本的な注意点に思えますが、登場人物が10人を超えてくる作品の場合、物語を書き慣れた人でも案外このケアレスミスをしてしまいがち。ご注意ください。

登場人物の命名が明らかに間違っているケース

なんか微妙・・・

鬼ヶ原 狂介

西園寺 優月

書き手のパッションがない、読者に失礼な名付けはやめよう

主役級のキャラクターを名付ける際には、その人物の役割や
性格を反映した名前を探し出す必要があります

◆ 1冊の作品中に最低100回以上 主役級の名前が随所に出てくる

　物語世界において主人公たちは、書き手の発想で命名された名前を背負い、アイコン的役割を果たしながら行動していきます。

　当然ですが、名前がなければ読者にその存在は正確に認識されません。これは現実世界と同様です。

　つまり書き手も読者も、**名前によってシーンごとの主体の心身の動きを空想しつつ、ストーリーを追っているわけです。**

　3人称で語られる作品の場合は徹頭徹尾、この図式が変わることなく、物語のエンディングまで継続します。

　これがどういう意味を成しているか、おわかりになりますか？

　見開きページごとに数回（あるいは十数回）、必ず登場人物たちの名前が出てきて、つねに読者はそれらを目にしている状態なのです。

　長編小説であれば、1冊の作品中に最低でも100回以上、主役級の名前が随所に出てくるのが実態です。とりわけ、主人公の登場頻度は圧倒的であり、読了するまで読者はその名前と向き合わなければなりません。

● 失敗しない名付けのためのチェック項目

☑ エンディングまで飽きずに愛着が湧く名前

☑ キャラの役割や性格にフィットした名前

☑ 人物像がありありと浮かんでくる名前

やってはいけない命名パターン

聞こえが
いいし

好きなタレントの
名前を使おう

まあ、適当に

◆ その人物がどのような役割や立場を担い、どういうキャラとして動くかまで計算すべき

　大原則として、人気作品とは読者が主人公に共感し、存在自体を好きになってもらわなければ成立しません。そしてもちろん、名前もまた存在に含まれます。となれば書き手は、登場人物の命名に最大限のアイデアと配慮をめぐらすべきです。特に主役級のキャラクターには、練りに練って、その人物にふさわしい個性的な名前を探し出す必要があります。

　もっともいけないのは、書き手のパッションがない安易な名付け。よくありがちなパターンは次のようなものです。

　『単に耳ざわりがいいから』『見た目がいい漢字をあててみた』『好きな俳優やタレントの姓名を拝借した』『こういう当て字っぽいファーストネームが最近流行ってるみたいだし』『まあ、なんとなく適当に』――。

　これらは読者に失礼で、書き手として正しくない流儀です。**命名にあたっては、作中でその人物がどのような役割や立場を担い、どういうキャラとして動くか、性格や気質まで計算すべきです。**紙上にその名前が現れただけで、人物像がありありと浮かび上がり、エンディングまで飽きさせないばかりか愛着が湧いてくる、そんな絶妙な名付けセンスが書き手には求められます。

名付けの際は
つねに読者視点を大切に

「自分が読者だったら」という客観的な目を
持って名付けに取り組むようにしましょう

✧ 客観的かつ俯瞰的なカメラアイを
自身のなかに備えること

　登場人物たちに名前を与える瞬間は、自分の物語がいよいよ本格始動するという、確かな予感と期待感を覚えるものです。それまで頭のなかだけで漠然と動いていたキャラクターが、固有名詞を携えて劇中で息づくわけですから、まさに生を授ける大切な創造プロセスといえます。

　このとき、書き手の気持ちが前のめりになっていることがあります。創作意欲が高まるあまり、想いや熱意のたぎるマインド状態になるのは、私もかつて経験しました。

　と、ここで気をつけなければならないのは、自分の気持ちを最優先してしまい、冷静な読者視点を忘れてしまうことです。作品を読んでくれる人たちがどう受け取り、どのように感じてくれるかという客観的かつ俯瞰的なカメラアイを自身のなかに備えていなければ、十中八九その物語は自己満足レベルで終わってしまいます。厳しいですが、それが現実です。

　そういう事態にならないため、特に気をつけるべき名付けの注意点を右ページに3つ挙げました。

● 読者が好きになれないパターンを知ろう
- ☑ 共感や感情移入がしにくい名前
- ☑ 意味不明で難解な漢字を羅列した名前
- ☑ 既視感ばかりがつのる模倣の名前

1. 書き手のひとりよがりにならない

一読者からすると馴染みにくい、マニアックな名前（ダジャレもNG）を付けないように。たとえば漢字6文字以上で、しかも当て字を含んだ難解な読み方の姓名は避けるべきです。序盤で読者が読書放棄してしまいます。

2. 登場人物の差異を明確にする

作中のひとりかふたりならともかく、登場する全員がカタカナやひらがなの名前だと、読者は誰が誰だかわからなくなってしまいます。漢字で命名する場合も、個々の特性が明確に視認できる名前を心掛けましょう。

3. 有名な作品や大作家の模倣は避ける

大ヒットした著名な作品に登場する人物の名前は、模倣すべきではありません。同様に、人気作家のシリーズものに登場する名前も避けるべきです。キャラ被りすると、読者が一気に興ざめしてしまうからです。

ほかにも、物語の世界観からあまりに乖離した突飛な名前を付けない、全員をポピュラーな名前（たとえば佐藤、鈴木、山田、田中）にしないなど、注意点はいくつもあります。命名の際にはつねに「自分が読者だったら」という視点を意識するようにしましょう。

自分にしかわからない謎な名前は付けないように

悪駄死魔多過死です

名付ける際には時代ごとの 〝流行りの名前〟も考える

作品で描写する時代の流行を考証することは 書き手にとって必須の心構えとなります

✦ 有名人の名前は周知であるがゆえ 登場人物への多用を避けよう

　名前は時代性を浮き彫りにします。書き手はこのポイントを留意して、登場人物の名前を考案すべきです。

　名付けにはいくつか方法があります。

　もっとも簡単で安易なのは、職場の人や友だちなど、身近な誰かの名前を参考にするケース。また、邦画のエンドロールには複数の名前が次々と流れていくので、何気にチェックするという作家は少なくありません。

　P.19で触れましたが、好きな俳優やタレントの姓名を拝借するのは、あるあるなパターンのひとつ。字面や音感がキャッチーで覚えやすく、作者は「自分の物語のヒーローやヒロインにふさわしい」と思いがちです。しかし有名人の名前は周知であるがゆえ、登場人物への多用は避けましょう。実在する有名人の印象が勝ってしまい、物語上のキャライメージと喧嘩して、読者が作品に入りにくくなる場合があるからです。

　さらに有名人の名前は、時代性を反映した〝流行り〟ものが多く、衰退スピードも速いため、2、3年経っただけで風化するリスクもあります。

● **命名と時代性のポイントを理解しよう**

☑ 男女ともに名前の流行は明らかに移り変わっていく

☑ 物語の舞台となる時代にふさわしい名前を考案する

☑ 一方で時代に左右されない名前と最先端の名前も要チェック

◆ 〝ジェンダーレスネーム〟が物語創作の世界でも流行の兆し

　名前の流行の変遷を見てみましょう。ここでは女子の場合を例とします。今から100年前の大正時代、『千代子』『文子』『幸子』『和子』『節子』が人気でした。末尾に『子』を付けるのが大流行し、女性の名前の主流を占めました。

　30年前になると、流行はかなり今風に変化し、『愛』『美咲』『明日香』『彩』『麻衣』などが人気で、末尾に『子』が付く名前は激減します。

　2022〜2023年で人気の女子の名前は、次のようになります。

　『陽葵（ひまり）』『結菜（ゆいな）』『美桜（みお）』『紬葵（つむぎ）』『芽依（めい）』といったところです。見ておわかりの通り、読みが難解な名前になり、花にまつわる〝フラワーネーム〟が流行しました。

　では、もし仮にあなたが大正時代のシーンを書くのであれば、そこに登場する女性の名前をどうすればいいか、答えは明白ですね。

　名前は時代性を浮き彫りにするからこそ、描写する年代の流行を考証する**ことは書き手にとって必須の心構えとなります。**

　その半面、時代性をあえて超越した、純和風で古風な男子の名前が近年ブームになっています。たとえば、『龍之介（りゅうのすけ）』『雅比古（まさひこ）』『琥太郎（こたろう）』『健次郎（けんじろう）』といった、漢字3文字のスタイルです。**こうした名前は風化しにくく、流行り廃りのない名前として、登****場人物に命名する書き手が密かに増えつつあります。**覚えておくと便利でしょう。

　さて、時代性という意味では〝ジェンダーレスネーム〟が物語創作の世界でも流行の兆しを見せています。つまり、男女の性別を感じさせにくいタイプです。たとえば、『凛（りん）』『漣（れん）』『蒼（あお／あおい）』『樹（いつき）』『孚（まこと）』といった名前が挙げられます。

　名前は時代が色濃く反映されるもの。今後どのような名前が流行するか定かではありませんが、書き手ならつねに名付けアンテナを張りめぐらせ、時流の機微を敏感に捉えましょう。

名付けは文字面が超重要

文字面で印象を操作することで、読者の興味を促し
先へと読み進める意欲を掻き立てることも可能となります

✦ 名前のイメージでキャラクター像を読者の脳裏に描かせることができる

名前は文字面の印象が大切です。しかも、物語における登場人物の名前というのは、情報提示やイメージ操作としての側面を備えています。

たとえば『花山院（かさんのいん）』と名乗る捜査一課の刑事が殺人現場に颯爽と登場すれば、なんとなく高貴な生まれを想起させつつ、まず脇役ではない主役級のポジションだという印象を与えます。

あるいは『蛇沼（へびぬま）』という名の中年男が夜闇をひとりで彷徨っていれば、不気味で油断ならない謎の存在としてインプットされるでしょう。

また、『皐月（さつき）』と呼ばれる女子生徒が教室の窓の外に顔を向け、静かに涙を零していれば、可憐な美少女タイプという印象を抱きませんか？

このように**特徴的な文字面を持つ名前を登場人物に付与すれば、外見や容姿の補足説明がなくとも、おおよそのイメージでそのキャラクター像を読者の脳裏に描かせることができます。**

さらには物語世界への興味を促し、先へと読み進める意欲を掻き立てることも可能となります。これが命名の持つ妙味です。

● 3つの観点から命名のポイントを捉えよう
① 読みやすいのはカタカナ・ひらがな→漢字→ローマ字の順
② 字画の少ないシンプルな漢字の名前のほうが視認性に優れる
③ 左右対称で均整の取れた名前は縁起がよく視覚効果が高い

同じ情報でも文字面の違いで印象が異なる

豚骨拉麺

とんこつ
ラーメン

◆ カタカナやひらがなを使うのも
キャラ差別化の観点で有効

　一方で、視認性という観点では、字画の少ない漢字の名前のほうが、読みやすくて覚えやすいというメリットがあります。

　日本人の苗字には、シンプルながらもインパクトのある名が多数存在するので、それらをネット検索して参考にしてみるのも一手です。たとえば『一』さんは（にのまえ）さん、『八十』さんは（やそ）さん、『九』さんは（いちじく）さん、『目』さんは（さっか）さんと読み、すべて実在します。

　もしくは漢字という固定観念を捨て、一部の登場人物にカタカナやひらがなのファーストネームを付けるのも、キャラ差別化の観点で有効です。

　そもそも日本人が認識しやすい文字情報は、ローマ字より漢字、漢字よりカタカナやひらがなです。芸能人が名前をカタカナやひらがなにするのは、老若男女を問わず覚えてもらいやすくする、という狙いがあります。

　さて話は少し横道に逸れますが、左右対称で均整の取れた名前は縁起がよく、文字面としての視覚効果が高いことから好まれる傾向にあります。たとえば男性なら『嵩士』や『宗平』、女性なら『果奈』や『美貴』などです。予備知識として覚えておくと、何かの役に立つかもしれません。

音の響きにもこだわることで読者の好感度がアップする

〝リズム感と音の響きがよく、発音しやすくて覚えやすいか〟
つねに確認する習慣を身につけましょう

✦ リーダビリティが低いと拒否反応が起こり、物語への感情移入度が深くならない

　文字情報を目で見て、視覚によって内容を理解するのが読書です。それでいて人は頭のなかで無意識に言葉を綴りながら黙読しています。

　つまり、言葉や文章のリズム、調子、フレーズの切れ具合を、知らず知らずのうちに脳で感じ取って、音（おん）の響きを確かめているのです。よって口に出して読み上げにくい、たどたどしくてリーダビリティが低い文章には引っかかりや違和感を覚え、読書スピードが落ちていきます。

　これは登場人物の名前でも同じです。小難しくていいにくい名前には無意識に拒否反応が起きるため、物語への感情移入度が深くなりません。

　名付けの際には、文字面や印象やインパクトだけでなく、〝リズム感と音の響きがよく、発音しやすくて覚えやすい〟名前かを確認する習慣を身につけましょう。それだけでキャラクターへの共感深度が異なってきます。

　ファミリーネームとファーストネームの語呂の相性も大切です。フルネームを発したときに取って付けたようなちぐはぐな読みにくさはないか、キャッチーなリズム感があるかを、よく吟味したうえで命名すべきです。

● **名前の音の響きを確かめるためのチェックポイント**

☑ 発音しやすくて覚えやすいか？

☑ キャッチーなリズム感はあるか？

☑ ちぐはぐで読みにくい違和感はないか？

ひとり静かに読書しているようで
じつは心でしっかり朗読している

昔々あるところに
おじいさんと
おばあさんが
いましたとさ

◆ 五十音の行によって名前の持つ　イメージが顕著に変わっていく

　あくまで例（しかも個人的所見）ですが、音感の特徴を説明します。

　「カ行」の名前には固いイメージがあって、角張った印象を与えがちです。『克彦（かつひこ）』『健司（けんじ）』『康介（こうすけ）』と、思いつくものを列挙しても、どこか尖った硬さを覚えます。

　「サ行」の名前には爽やかな趣があります。とりわけ「し」からはじまる名前はその傾向が顕著です。『駿（しゅん）』『翔太（しょうた）』『真二（しんじ）』など、漫画やアニメの主人公に使われそうな名前が思い浮かびます。

　「マ行」の名前には独特の柔和さが漂います。女子の名前が多いのはそういった音感の特性からでしょう。たとえば『真央（まお）』『美亜（みあ）』『睦美（むつみ）』というように、ほのかな母性が感じられます。

　「ラ行」の名前にはどことなく鋭利で聡明な雰囲気があります。『里依紗（りいさ）』『利桜（りお）』『瑠璃（るり）』『麗子（れいこ）』など、透明感と同居する凛とした強さが感じられます。

　もちろん個々の感覚によって印象は異なりますが、音の響きにも着目して命名すれば、より読者の好感度がアップすること間違いなしです。

わかりやすすぎる安易な名前では読んでいて楽しめない

すべての配役ポジションや結末まで明示する
安易な名前を付けると読む気が失せてしまいます

◆ いわゆる〝ひねり〟がなければ 一気に興ざめしてしまう

- ・善玉悪玉には、それぞれにふさわしい名前を付ける
- ・名付けには書き手がパッションを持って取り組む
- ・冷静な読者視点を持ってキャラクターを命名する
- ・移ろう時代性を考慮して名前を考案する
- ・さまざまな観点での文字面を意識する
- ・音（おん）の響きにもこだわって読者の好感度アップ

　と、ここまで名付けに関する基本原則を6項目にわたって解説しました。どれもが疎かにすべきではない大前提であり、大切な技法です。

　ここで前言撤回というわけではありませんが、上記を踏まえたうえでぜひ意識してほしい、中級クラスの名付けテクニックに触れましょう。

　それは、わかりやすすぎる安易な名前を付けない、ということ。ミステリーであれば、物語に登場した瞬間、「こいつが犯人だな」と読者に見破られてしまう、〝いかにも〟な名前を付けないよう心掛けてください。

　いわゆる〝ひねり〟がなければ、読者は一気に興ざめしてしまいます。

● 名付けの中級テクニックをマスターしよう

☑ 犯人だとあからさまにわかる〝ひねり〟のない名前は避ける

☑ 誰がいい人で誰が悪い人か、名付けの妙で読者の心を揺さぶる

☑ 絶妙な命名でミスリードして意外性を演出する

あらゆる物語にはフラグや伏線、ミスリードといったギミックがある

「けど、善玉悪玉には、それぞれにふさわしい名前を付けるって解説しましたよね？」そういう言い分をぶつけたくなる方もいるに違いありません。

確かにP.17で解説しました。

ここで重要となるのが、〝ひねり〟です。あるいは〝揺さぶり〟と表現してもいいでしょう。

あらゆる物語にはフラグや伏線、ミスリードといったギミックがちりばめられています。それらの仕掛けでまず興味喚起して、読み進むにつれて謎が謎を呼ぶ展開にしなければ、面白い作品に仕上がりません。

登場人物の名付けも同様です。すべての配役ポジションや結末まで明示する、わかりやすすぎる安易な名前を付ければ読む気が失せてしまいます。

そのため、仮に善玉A～Cの3人がいるとすれば、誰もにどこか悪を匂わせる微妙なさじ加減の名前をあえて付けるべきです。悪玉も同じように、複数の容疑者を登場させ、それぞれ善をほのめかす命名を工夫しましょう。

それが〝ひねり〟であり、読者は書き手の思惑である〝揺さぶり〟に右往左往してハラハラドキドキを繰り返し、エンディングまで楽しめます。

誰が真犯人か最後までわからない、謎な展開が望ましい

真犯人はお前だ！

悪太郎

悪之介

悪子

まずは命名で登場人物の個性を書き分ける

キャラクターの個性がひと目で伝わる、
視覚的にも音感的にも覚えやすい名前を設定しましょう

✦ 物語が娯楽である以上 名付けにもエンタメ要素を盛り込む

物語を読みはじめた読者は、必ずあることに集中します。

何だと思いますか?

胸に手を当てて寸時考えれば、じつに答えは簡単です。

次々と登場するキャラクターの名前を覚えることです。同時に、どういう人物像か、どんな性格で、年齢や特性や役どころはどうか、考えをめぐらせながら読むことに全神経を傾け、ちりばめられた情報のインプットと整理に勤しみます。

作家やジャンルによって差はあるものの、おおむね長編小説の登場人物は10〜15人が平均値といわれます。それだけの人数の台詞や行動、個人的な情報までを、読者にすらすら覚えてもらえなければ、書き手失格の烙印を押されてしまいます。

つまり物語を執筆するときは、そこまで読者側の目線を意識して文章に向き合わないといけません。となれば、書き手の良心として最初に取り組むべき、あることが明確になってきます。

● 読者を惹きつけるための三大名付けポイント

① 1字たりとも漢字が重複しないよう徹底して差別化を図る

② 読みの音感が似ないよう必ず声に出してチェックする

③ 表記した際の文字数にメリハリをつけて個々を特徴づける

　それは、登場するキャラクターの特性を把握しやすいよう、視覚的にも音感的にも個々のフルネームをわかりやすく設定することです。

　具体的に説明したほうが早いので、以下に５人の名前を例として挙げます。

> 山田太郎　　山口浩司　　五木勇吾　　木下悠太　　下田達也

　物語に登場するこの５人の名前をぱっと見て、どう感じますか？

　ずばり、わかりにくいですね。問題点はいくつか散見されます。

　まず、P.17の最後でも触れましたが、同じ漢字が重複しています。『山田』『山口』『下田』の３人はそれぞれ『山』と『田』が、『五木』と『木下』は『木』が被っています。しかも『田』と『口』はフォルムが似ています。また『勇吾』と『悠太』は漢字こそ違えど、『ゆう』という読み方が音感的に同一です。さらに５人とも漢字４文字のフルネームのため、視覚的な差別化が図れていません。読者目線で考えるなら、このうちひとりかふたりの下の名前をひらがなにしたり、苗字を漢字１字か３字にしたりと変化をつけることで、ぐっと読みやすくなります。なかでも最大の難点は、５人とも名前が平凡すぎること。**物語が娯楽である以上、名付けにもエンタメ要素を盛り込むくらいのサービス精神と心意気を書き手は持ちましょう。**

ふたりの読書に対する姿勢の違いは
書き手の創作意欲レベルによって生じる

面白い！

つまらない

zZZ

略語やあだ名を使って ひと味違う個性を際立たせる

ニックネームキャラをひとり作るだけで 人物造形に深みが出て、物語におけるいい薬味となります

✧ スッキリといい切れる語感と音感を 好む潮流が浸透している

　昨今、あらゆるネーミングを省略・簡略化する傾向が強まっていると感じませんか？　あなたの身の回りにも略語が溢れ返っていて、もはや誰もが正式名称のように口にしているはずです。

　もともとは、長いネーミングをいいやすくするために派生したのが略語です。例を挙げると、ベストセラー小説『世界の中心で、愛を叫ぶ』は『セカチュー』で、人気バンド『DREAMS COME TRUE（ドリームズ・カム・トゥルー）』は『ドリカム』です。いつの頃からかそれほど長くないネーミングでも、省略・簡略化する文化が根付きました。サブスクリプションはサブスク、タイムパフォーマンスはタイパ、さらにマクドナルドはマック（関西ではマクド）、セブン-イレブンはセブン（関西ではセブイレ）と、正式名称が長くないのにさらに省略・簡略され、定着しています。

　じつはこの略語、スッキリといい切れる語感と音感を好む潮流が浸透してできた日本独自の文化のひとつなのです。物語創作における登場人物の名付けでも、この略語の文化を取り入れる手法があります。

●『君の膵臓をたべたい』→『キミスイ』のように
　人気度がアップしやすい表題の略語呼びを定着させるには？
☑ あえて字数長めの正式タイトルを付ける
☑ 3〜5文字で省略しやすいよう語呂を計算する
☑ スッキリといい切れる音の響きを考慮する

◆ 略語で呼ばれるということは 人気が高くて愛されている証拠

　タレントや俳優の名前も3〜5文字に短く簡略化され、万人に受け入れられているケースが多々あります。周知の例としては『キムタク』『トヨエツ』『ケンコバ』『マツジュン』『ゴクミ』『ゴマキ』といったところでしょうか。

　略語で呼ばれるということは、人気が高くて愛されている証拠。

　逆をいえば、略語で呼ばれるキャラクターを造形すれば、個性際立つキャッチーな人物として愛されやすくなります。たとえばある脇役に『前大道賢太郎』というあえて長い名前を付けます。そのまま読めば（まえおおみちけんたろう）で11文字もありますが、作中冒頭で『マエケン』とあだ名で呼ばせれば、ほかの脇役とはひと味違う、愛されニックネームキャラとして設定できます。

　名前以外の呼称を使うパターンもあります。たとえば学校の先生です。『御手洗先生』と名付け、作中では生徒たちから『ミタセン』という愛称で呼ばせます。するとほかの教師陣とは一線を画した、読者から受け入れられやすいキャラとして定着させることができます。

　苗字や下の名前で呼ばれる人たちのなかに、こうしたニックネームキャラをひとり作るだけで人物造形に深みが出て、物語におけるいい薬味となります。

某テレビキー局の女性アナウンサーにも ニックネームキャラの伝統がある

アヤパン　チノパン　カトパン　ショーパン　ミタパン

コンプライアンスが厳しい時代に必要なクリエイターの鉄則

今の時勢において倫理観に欠けると捉えられる微妙な表現は
想定外の問題を呼び起こすリスクを抱えています

✦ 受け手によってはガラリとその意味が本来意図するものとは変わってしまう

　ダイバーシティ＝多様化の時代を迎え、世の中では個を認めて、互いに尊重しようという気運が日に日に高まっています。同時に、差別とハラスメント防止に関するコンプライアンスがますます厳しくなっています。

　コンプライアンスに抵触した企業や有名人はマスメディアに叩かれ、ネット上でディスられたあげく大炎上に発展するケースも見受けられます。

　これは創作の場においても同様です。**細心の注意を払って表現したつもりが、他者にあらぬ誤解を与えたり、悪い意味として解釈されたりするリスクが内在することを念頭に置かなければなりません。**

　また、国や言語の違いから、受け手によってガラリとその言葉の意味が、本来意図するものとは変わってしまうこともあります。ひとつ、事例を挙げましょう。乳酸菌飲料『カルピス』の名称です。じつはアメリカ市場で販売される際には『CALPICO（カルピコ）』と変わります。理由は『カルピス』という商品名に対し、英語圏の人々はその音感から「COW（カウ）」＝牛と、「PISS（ピス）」＝おしっこという2つの語彙の連なりを連想するからです。

● 創作におけるネガティブチェックの基本姿勢

☑ もし自分とは立場の違う人が読んだなら、という意識を持つ

☑ 怪しいと感じた表現や語彙については必ず調べる

☑ 日頃からネットやメディアに関心を持ち、世論の声に敏感になる

◆ つねにネガティブチェックを心掛け 細心の注意を払うこと

　コンプライアンスが厳しい時代ゆえ、ネガティブチェックを心に留めて創作に取り組むべきでしょう。ここで名付けに関連した事案を2つ紹介します。

　まず、付加的呼称詞の『くん』と『さん』についてです。『くん』は男性に、『さん』は女性にという使い分けは、これまで小中学校でもなかば定着していました。しかし昨今、性別に囚われない考え方が広まり、呼称詞の使い方が見直されています。よって、物語においても登場人物の性別を明示する、あからさまな表現には神経を使う必要があります。

　また、今から30年前の話ですが、ある男性が自身の子どもに『悪魔』という名前を付け、ニュースになりました。『悪魔』という名前がいじめの対象となり、将来的に子どもが社会不適応を引き起こす可能性があるとされ、裁判沙汰に発展した大事件でした。ネット社会の現在なら、さらに諸説紛々たる様相を呈し、その是非が苛烈に問われたに違いありません。

　つまるところ今の時勢では、<u>たとえフィクションの物語上でも、倫理観に欠けると捉えられる微妙な表現があれば、想定外の問題に発展するリスクがあります</u>。つねにネガティブチェックを心掛け、細心の注意を払いましょう。

書き手は全員に大好評だと思っていても 「けしからん」と感じる人がいるかもしれない

自分だけのマイルールで
名付けの糸口を見出す

◆◆◆ **キャラクターの外見をイメージし**
主だった特徴を書き留めていく ◆◆◆

　登場人物の名付けは、プロであってもけっして簡単な作業ではありません。ましてや多くの長編ミステリーがそうであるように、15名以上もの老若男女が次々と現れ、物語を動かしていくとなると大変です。

　名前の差別化や人物との適合性を考慮しつつ、肝心のストーリー展開も考えなければなりません。ここで役立つのが自分だけの名付けマイルール。

　私の場合、とにかくキャラクターの外見をイメージし、主だった特徴を箇条書きで書き留めていきます。以下のような感じです。

> ・背が高く（身長190cm以上）、ガリガリに痩せている50代男性
> ・いつも上下の黒い服（ややフォーマルなファッション）
> ・頭は白髪で、顔色は青白く、頬骨が出ている（縁なしの細い眼鏡）
> ・第一印象は、とにかく目が鋭くて、鷲鼻が気になる、不気味な顔つき

　文章化のみならず、実際にペンを走らせて人物像を描くことも多いです。重要なポイントは、【身長／年齢／性別／体形／服装／髪型／顔つき／第一印象】の8点を列挙すること。こうやって登場人物を書き分けたメモを机の上に並べ、次に名前にふさわしい漢字を考えます。この50代男性だと、「狗（いぬ）」という字が浮かびました。漠然とですが、不気味で狡猾な獣のイメージが膨らみ、結局「狗又（いぬまた）」という苗字に決めました。

　これが私の名付けマイルールです。この方法が優れている点は2つ。外見を最初に決めておくことで、実際に執筆をはじめてからのキャラクター造形がスムーズになることと、キャラ被りが起きなくなることです。

2章

オリジナルの
新しい言葉を作る

創作物の名付けは、必ずしも現実味を帯びたものである必要はありません。言葉を足したり掛け合わせたりして、オリジナリティのある名前を考えてみましょう。

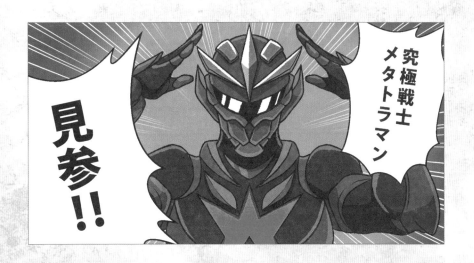

言葉の足し算や掛け算を するときの考え方

名付けの必要に迫られたときは、すでにある造語を参考に あなただけの新語を作り出してみましょう

◆ ネットスラングは10代の若者を 中心として定着した比較的新種の造語

　物語創作においては、登場人物の名前をはじめ、さまざまな対象を名付けなければなりません。**とりわけファンタジー的世界観の設定では、随所で新たな名前を作り出す必要に迫られます。**

　新しい語を作ることは、造語と呼ばれます。その方式は多様な解釈で細分化されるものの、ここではざっくりと3つの方法に大別して説明しましょう。

　ひとつは既存表現をベースに簡易アレンジを施して創出する方法です。

　一番身近な例を挙げるなら、ネットスラングがこれにあたります。少し古いですが有名どころでは、『とりあえず、まあ』→『とりま』、『リアル（現実世界）が充実する状態』→『リア充』、『もしかするとイケるかも』→『ワンチャン』、『グーグルで検索する』→『ググる』などです。

　これらは1980年代後半から、ネットコミュニティ上で誰かが使いはじめ、いつの間にか10代の若者を中心に定着した比較的新種の造語です。

　すでに存在する言葉を加工してシンプルにまとめることで、直感的に何を意味しているか把握できるという特徴を備えます。

●**よく見聞きする英語のネットスラング**

☑ 『ASAP』→『as soon as possible』の略で「できるだけ早く」

☑ 『OMG』→『oh my god』の略で「あー、やっちまった！」

☑ 『BTW』→『by the way』の略で「そういえば／ところで」

✦ 『breakfast』のもともとの意味は 『前日以降、最初の食事』

次に、複数の単語を組み合わせる方法です。

有名な例では英語の『breakfast』が挙げられます。『朝食』という意味なのは周知ですが、厳密には違います。元来は造語である『breakfast』の由来となる単語を紐解くと、『break』＝『継続しているものを破る・絶つ』と、『fast』＝『断食する』という、2語の組み合わせでできています。つまり、前日の夕食以降食べていない状態を破る食事なので、一般的に多くの人が起床してその日ははじめて口にする『朝食』＝『breakfast』として普及しました。もともとの意味は『前日以降、最初の食事』を指し、朝食とは限りません。こう考えると、造語によっては奥深い意味がありますね。

最後に説明するのは、シンプルな省略方法。多くの方が日頃触れている『インスタグラム』も省略方式の造語です。

英語の『Instant Telegram』（インスタント テレグラム）＝『一瞬の電報』という意味の語を短くして『Instagram』というSNS呼称になりました。

物語創作で名付けの必要に迫られたときは、これらの造語方法を参考にして、あなただけの新語を作り出してみてください。

造語と死語を勘違いしないようにしよう

究極の語を組み合わせれば造語界で無双パターンに

屈強レベルは、ウルトラ ＞ ハイパー ＞ スーパーで、
『ウルトラ』が最強となります

✦ 『meta』にはじまる『metaverse』は新たな世界観を象徴する新語

　命名の王道として、〝究極〟の接頭辞を使うスタイルがあります。接頭辞とは、ある単語の前について１語を形成する語構成要素（大辞林）のこと。

　最近、特に耳にするようになった究極の接頭辞は、「超〜」「高次〜」という意味を持つ英語の『meta（メタ）』ではないでしょうか。

　『meta』を使った単語といえば、もちろん『metaverse（メタバース）』です。宇宙を意味する『universe』と組み合わさって、インターネット上の仮想３次元空間を意味し、一気に注目が集まっているIT造語です。

　アメリカのIT企業Facebookが社名を変更して『Meta Platforms（メタ・プラットフォームズ）』としたように、『meta』は新たな世界観を象徴する言語として、グローバル企業が高い関心を寄せ、一躍メジャーの仲間入りを果たしました。

　とはいえ、究極の接頭辞を用いた造語の歴史は意外に長く、昔から高い人気を誇っていました。造語界におけるいわばスタンダードとして確固たる地位を確立した、皆さんもよくご存じの名称を紹介していきます。

覚えておきたい！　巷でよく聞く『meta（メタ）』を使った造語

☑ メタ推理 → 推理を楽しむゲームなどで作品外の情報から推理すること

☑ メタフィクション → 架空の出来事をフィクションとして扱う表現手法

☑ メタメッセージ → メッセージで本来伝えるべき意味を超えて、別の意味を伝えること

1938年に米国で生まれた『スーパーマン』は 85年前に作られた造語によるヒーロー名

代表的なのは『スーパーマン』です。究極の接頭辞である『super』は、形容詞の場合「最高の、素晴らしい」で、副詞の場合は「非常に、とても」という意味を持ちます。1938年に米国で生まれた『スーパーマン』は、じつは85年前に作られた造語によるヒーロー名だったのです。そのキャッチーな呼び名から『super』は波及していき、スーパーサイヤ人やスーパーマリオなど、現在でも数々のキャラクター名に応用され、使われています。

日本では『スーパーマン』と双璧をなして有名なのが『ウルトラマン』。いわずと知れた昭和特撮ヒーローの代表格です。『ultra』は英語で「極度の」「過度の」「超〜」という意味を表す接頭辞です。

B'zの名曲『ultra soul』、体操競技で難度Cを超える最難関の技を指す『ウルトラC』など、こちらもまた市民権を得た造語が多数存在します。

ちなみに『super』『ultra』と並ぶ究極の接頭辞には『hyper（ハイパー）』があり、「上の」「超越した」「向こう側の」を意味します。3語の屈強レベルは、ウルトラ ＞ ハイパー ＞ スーパーで、『ウルトラ』が最強となります。

無敵の無双キャラクターに命名する際は、ぜひ参考にしてみてください。

究極の接頭辞を使えば屈指のヒーローが誕生する説

究極戦士メタトラマン

見参！！

色の持つイメージと言葉をつなぎ合わせる

色を表す漢字には趣やわびさびがあって印象的なうえ
音の響きも秀逸なものが多い傾向があります

✦ 色をあしらった名前を授ければ人物のカラーをぐっと引き出せる

　春夏秋冬の美しい四季がある日本は、季節ごとに色とりどりの自然を感じられます。多彩な色合いの移り変わりが日々の暮らしに見られることから、日本人には色での表現を好む文化と伝統が根づいています。

　我が子への命名に色のイメージを取り入れるのも、そのひとつ。

　しかも、色を表す漢字には趣やわびさびがあって印象的なうえ、音の響きも秀逸なものが多い傾向があります。

　この特性を見逃す手はありません。<u>登場人物——とりわけ主役級のキャラクター——に、色をあしらった名前を授ければ、まさにその人物のカラーをぐっと引き出せます。</u>

　人気の色名をいくつか挙げましょう。まず、「蒼」(あお／そう)です。海や空を彷彿させ、爽やかで雄大、さらに飄々とした風情を感じさせます。男子なら『蒼太』(そうた)、『蒼斗』(あおと)、『蒼介』(そうすけ)、女子なら『蒼巴』(あおは)、『蒼音』(あおね)、『乃蒼』(のあ)などです。

　ほかにも『翠』、『茜』、『碧』など、字面も美しい色漢字が多くあります。

● 命名に人気の色漢字の例
☑ 男子 → 緑(りょく)、柳(りゅう)、虹(こう)、玄(げん)、白(はく)、藍(らん)
☑ 女子 → 柚(ゆず)、瑠(りゅう)、桜(さくら)
　　　　　菫(すみれ)、紅(くれない)、桃(もも)

◆ 人生の春である10代の一瞬を 色にたとえて名付けたのが『青春』

　色を用いた作品タイトルも多数あります。幾度もドラマ化されて、刊行から40年以上経っても高い人気を誇る、松本清張のピカレスク・サスペンスの代表的長編『黒革の手帖』をはじめ、スタンダールの『赤と黒』、モンゴメリの『赤毛のアン』、井伏鱒二の『黒い雨』、村上龍の『限りなく透明に近いブルー』など、文学作品では多く見受けられます。村上春樹の『色彩を持たない多崎つくると、彼の巡礼の年』というように、色自体に着目したタイトルもあります。

　映画のタイトルも枚挙にいとまがありません。『ハートブルー』『スノーホワイト』『ブラック・スワン』『ブラック・レイン』『レッドブル』『ピンクパンサー』『プリンス／パープル・レイン』などなど。

　一方で、米国大統領の住居・執務室である『ホワイトハウス』は白のイメージが同国の象徴として世界的に認知されています。

　また、『青春』も色を取り入れた語彙だとお気づきでしょうか？　前述の四季の話に戻りますが、春夏秋冬を色にたとえ、春＝青とあてられたことから人生の春である10代の一瞬にその名が付けられたといういわれがあります。

色を二字熟語で表すとこういうイメージになる

へぇ～

緑…自然	青…冷静	ピンク…愛情
黒…神秘	赤…元気	ブラウン…安定
黄…活発	白…真実	オレンジ…陽気

シンプル・ストレートに訴えるタイトルの強さ

作品の真価と独自性を1語でズバリ表現する手法は
読者にインパクトを与えることができます

◆ 作品タイトル自体が持つ言葉のメッセージ力が決め手となる

　本書では数回にわたり作品タイトルの名付け方について解説しますが、ここではシンプルかつストレートに訴える手法を取り上げます。

　小説やラノベをはじめとする物語のタイトルは、作品の評価と売り上げに如実に反映するほど重要なものです。書店へ行っても、本のネットサイトを閲覧しても、数えきれないほど多くの書物が並んでいます。それでもふと目が留まってしまう1冊があります。もちろん、書影の写真やイラストなどデザインも影響しますが、タイトル自体が持つ言葉のメッセージ力が決め手となります。「こ、これは！」と読者に思わせる、期待感を高めるタイトルを付けられれば、それだけでより多くの方々に手に取ってもらえるというもの。

　とはいえ、タイトルの文字量は多くても20字ほどです。

　ミスマッチな語彙を組み合わせる、象徴的なモチーフを用いる、長めの文章形式でまとめる、ダブルミーニングにする、有名作品にあやかるなど、方法は多数ありますが、なかでもダイレクトな訴求力を持つのは〝そのものズバリ〟方式のタイトルといえるでしょう。

黒澤明監督の映画作品には
〝そのものズバリ〟方式のタイトルが多い
『野良犬』『醜聞（スキャンダル）』『羅生門』『白痴』『生きる』
『どん底』『用心棒』『赤ひげ』『影武者』『乱』『夢』

特性をユニークな名前で表現し 字面も音感も独自性が顕著な名付け

例として、身近にあるヒット商品のネーミングを挙げます。

赤城乳業の主力商品『ガリガリ君』と『ガツン、とみかん』。同社の氷菓は商品名のインパクトで次々と大ヒットしています。伊藤園の『お～いお茶』は、旧名『缶入り煎茶』から現在の名前に変えて、売り上げが6倍に伸びました。また、桃屋の『ごはんですよ！』は発売以来50年間売れ続ける長寿商品です。

これらのネーミングに共通するのは、〝そのものズバリ〟方式で、特性をユニークな名前で表現したうえ、字面も音感も独自性が顕著な点です。

映画では1975年公開のスティーヴン・スピルバーグ監督作品『ジョーズ』が同様の作戦で成功しました。『jaw』は顎を意味し、複数形の『jaws』はワニや鮫など危険動物の口を指します。まさに〝そのものズバリ〟方式でした。

俳優のブルース・ウィリスを一躍スターダムに押し上げた『ダイ・ハード』も、主役キャラそのものを表す『不死身』を意味するタイトルで大成功を収めました。北野武監督の新作も『首』と、単漢字の迫力を存分に感じさせます。

くどくどと多くを語らず、作品の真価と独自性を1語でズバリ表現するタイトル手法は、小説やラノベを含めた物語の名付けでも有効な場合があります。

名画の〝そのものズバリ〟タイトル作は勉強になる

『ジョーズ』

『ダイ・ハード』

『首』

漢字表記のファーストネームをカタカナ変換して命名する

カタカナを活用すると、人物の印象がガラリと変わり
キャラ造形にひと役買ってくれる場合があります

◆ 多くの登場人物が現れるのなら キャラ色分けの工夫を施すべき

　文字面について解説したP.25でも触れました。「漢字という固定観念を捨て、一部の登場人物にカタカナやひらがなのファーストネームを付けるのも、キャラ差別化の観点で有効です」と。そこで漢字よりもカタカナやひらがなのほうが認識しやすい文字情報であることも取り上げました。

　ところであなた自身、長編小説を読んでいて、「あれ、この人って誰だっけ?」とか「え、似たような漢字の人がほかにいたような……」と、登場人物の名前が混同して、確認のためにページを遡った経験はありませんか?

　フルネームが漢字で表記された登場人物が、ページをめくるたびに次から次へと新たに現れれば、途中でわけがわからなくなっても無理はありません。

　一方で、それは書き手の配慮が欠けているという見方もできます。

　それだけ多くの登場人物が現れるのなら、もっと読者にわかりやすいよう、キャラクターを区別する工夫を施すべきだからです。これは書き手の「良心」です。そんなとき、前述のように一部の登場人物の名前をカタカナにすれば、読者の混乱を防げるうえ、作品自体にメリハリをつけた演出も可能となります。

● 登場人物の名付けの際に配慮すべき注意事項

☑ フルネームが漢字4文字の人だらけになっていないか?

☑ 全員の苗字が漢字2文字になっていないか?

☑ いかにも作り込んだ画数の多い漢字ばかりになっていないか?

秘訣のひとつは音引きにあり
見た目が軽やかで跳ねるような音感に

『鈴木幸次郎』という男性が登場するとします。これを『鈴木コージロー』と、カタカナ変換したファーストネームで表記するとどうでしょう？

　ガラリと印象が変わりますね。漢字の場合の、堅苦しくて昭和っぽいイメージが一新され、人物の年齢までがぐっと若返った印象を抱きます。

　秘訣のひとつは音引きにあります。

　普通にカタカナ変換すれば『コウジロウ』です。しかし、これでは硬さが残るうえ、文字面もすっきりしません。『コージロー』と2つの音引きで『ウ』が重複する部分を伸ばして処理したことで、見た目が軽やかになり、頭のなかで発音してみても跳ねるような音感ゆえ覚えやすくなるのです。そればかりか『コージロー』さんに親しみやユーモラスなイメージを持ちませんか？

　このようにカタカナ名に変換するだけで、漢字のときとはガラリと人物の印象が変わるばかりか、キャラ造形にひと役買ってくれる場合もあるのです。

　プロット作成や執筆初期段階は、全登場人物が漢字名で問題ありません。書き進めながら物語を俯瞰し、キャラクターの色分けや役どころの変化が必要だと感じたときは、特定の人物名をカタカナに変換してみましょう。

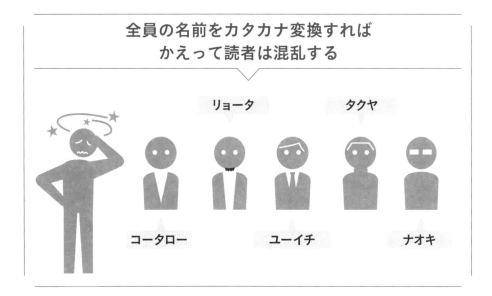

**全員の名前をカタカナ変換すれば
かえって読者は混乱する**

リョータ　　タクヤ

コータロー　　ユーイチ　　ナオキ

歴史上の著名人や偉人の名前を引用する

登場人物の存在感を強められると同時に
キャラクターの特徴や性格を容易に表現できる手法です

性格や特徴、人間性といったキャラ造形も
モデルが実在するだけに容易

　物語の登場人物に、歴史上の著名人や傑物の名前を付ける手法は、今やオーソドックスなスタイルとして確立されています。とりわけ、戦国時代や幕末の混迷期に活躍した偉人たちの名が模されることが多いのは、ひとえに物語創作との親和性が高いからです。下剋上的に成り上がりながら、戦いに戦いを重ね、しかも人間ドラマや愛憎劇がからむ乱世の英雄像は、まさに物語に登場するキャラクターと重なる部分があります。

　代表的なモチーフのひとつが、幕末に組織された浪士隊、新選組のメンバーではないでしょうか。小説、映画、ドラマ、漫画、アニメと、あらゆるエンタメ作品で扱われてきた新選組には、近藤勇、土方歳三、沖田総司といった傑物が際立っています。史実としての捉え方は諸説あるものの、死と隣り合わせで生き、自身の正義を内に秘めて貫き、非業の死を遂げました。

　彼らの名前にあやかって命名すれば、その認知度の高さから存在感を強調させて読者にリーチしやすいメリットがあります。同時に、性格や特徴、人間性といったキャラ造形も、モデルとなる人物が実存しただけに容易です。

● 歴史上の偉人の人気ランキングTOP10（※著者判断）	
トップ3	織田信長／坂本龍馬／徳川家康
4〜6位	豊臣秀吉／伊達政宗／真田幸村
7〜10位	上杉謙信／源義経／武田信玄／沖田総司

歴史上の人物の名前を拝借するメリット

・流行り廃りがない
・人物造形が簡単
・読者の興味を引く

◆ 興味のある武将や勇者の史実を深掘りして 人物造形を膨らませてみる

　戦国武将の名にあやかるのも、王道の一手です。

　織田信長、豊臣秀吉、徳川家康といった三英傑はもちろん、誰もが知る有名武将であれば、名前のみならず、その突出した人物像を登場人物に被せるのもありでしょう。ちなみに裏切り者のイメージが強い明智光秀ですが、じつは家族や家臣思いの優しい人格者だったそうです。信長の小姓、森蘭丸は頭脳明晰で秀逸な判断力の持ち主でした。派手好きな伊達政宗はいつも豪華絢爛な衣装を纏っていたため「伊達男」という言葉が生まれました。興味のある武将や勇者の史実を深掘りして、人物造形してみましょう。

　以下、戦国時代の強者たちのカッコいい名前を挙げてみました。

> 大友宗麟（おおともそうりん）／井伊直虎（いいなおとら）／島左近（しまさこん）／直江兼続（なおえかねつぐ）／丹羽長秀（にわながひで）／北条早雲（ほうじょうそううん）／冷泉隆豊（れいぜいたかとよ）

　命名の際、文字面や音感を参考にしてみてください。

あえてイニシャルを使って意味深な名前にする

物語に十分な構成力とメッセージ性が備わっている
場合に有効な、やや難易度の高い技巧です

◆ 読者に対して印象深い効果をもたらす場合がある

　ごく稀に、登場人物の名前が、アルファベットのイニシャルで書かれている作品に出くわすことがあります。

　有名どころではフランツ・カフカの遺作である『城』と『審判』が挙げられます。主人公がKというイニシャル表記になっています。

　日本近代文学の最高傑作と評される、夏目漱石の『こころ』にも、先生の友人であり、自殺を図るKという人物が登場します。そして先生の遺書を通してKの人となりが紐解かれていきます。

　また、村上春樹著『レキシントンの幽霊』のなかの『七番目の男』という短編にも、主人公の子ども時代の友人Kが登場します。語り手である私こと〝七番目の男〟は、大波に呑まれてこの世から消えたKの不吉な影に苛まれた半生を独白していきます。

　どれもが大家の作品ということももちろんありますが、**ときに主人公や主要な役割を果たす登場人物の名を明らかにすることなく、イニシャルで表記すると、読者に対して印象深い効果をもたらします。**

●まだまだある！　イニシャル表記された人物が登場する物語
☑『V.T.R.』辻村深月著
☑『スミヤキストQの冒険』倉橋由美子著
☑『性的人間』大江健三郎著

◇ 没個性的なキャラクターとなり
読者そのものの投影では、という解釈も

　作中に名前を明かさない人物が登場すると、パーソナリティの一部が開示されながらも、核心には靄がかかり、認識できない謎が残ります。たとえるなら、姿形はぼんやり見えるけど、顔や体つきまでは読者側にわからないといった感じでしょうか。

　しかもフルネームが明らかにされず、イニシャルという記号のみで存在するわけですから、実態が掴み切れません。没個性的なキャラクターとなり、ともすればイニシャル表記された人物とは読者そのものの投影では、という解釈も可能となります。あるいは身近な誰かを、そのイニシャル表記の人物に代入して読み進めることもできます。

　こう書くと、高尚で難解な解釈だと思われるかもしれませんが、要は〝解明されない不条理な余韻〟を残せるのです。これが印象深い〝何か〟を読者の心に与えます。そのためにはイニシャル表記した人物が登場しても破綻をきたさない物語の構成力と、本当に訴求したいテーマでありメッセージを、書き手がしっかり備えている必要があります。

　少し難しい技巧ですが、覚えておくと役立つ場合があるでしょう。

こういう状態が読者にとっては印象深い効果をもたらす

少女 A

いったい
誰なんだ？

少年 X

— 51 —

数字を作品タイトルや
名前に取り入れる

数字が持つ音の響きや印象、独特の文字面は
キャラ造形にひと役買ってくれます

『セブン』は音の響きに加えて
イメージも秀逸なのが大抜擢の理由

　前ページのイニシャルの流れで、名付けに数字を取り入れるという技法があります。特にある数字に関しては、私たちの身の回りに溢れています。

　もうおわかりですね。『セブン』です。

　そもそも『セブン』は音の響きがいいうえ、〝ラッキーセブン〟といわれるようにイメージも秀逸なのが大抜擢の理由でしょう。

　いわずと知れたコンビニの『セブン-イレブン』、タバコの『セブンスター』、雑誌の『女性セブン』と、『セブン』はネーミング界の人気者です。

　創作の世界でも同様です。英国の作家イアン・フレミング原作のスパイ小説で、映画が世界的人気を誇る『007』シリーズも『セブン』が使われています。日本では特撮テレビドラマ『ウルトラセブン』が人気を博しました。

　漢数字の『七』も多用されています。四文字熟語では『七転八起』や『七転八倒』、調味料の定番『七味唐辛子』、無病息災を願った風習で1月7日の朝に食される『七草粥』、福の神『七福神』などなど、数え切れません。日本を代表する名作映画では、黒澤明監督の『七人の侍』があります。

●まだまだある！　数字を取り入れた有名作品タイトル

☑ 世界的ベストセラー本『7つの習慣』（スティーブン・R・コヴィー著）

☑ 累計発行部数152万部を突破した大ヒット作
　『十角館の殺人』（綾辻行人著）

☑ 推理小説の名作と評される『64（ロクヨン）』（横山秀夫著）

ネーミング界で引っ張りだこの「セブン」

◆ 映画『君の名は。』の主人公も 漢数字を取り入れた名前

漢数字を人物名に取り入れるのも命名手法のひとつ。

有名なのは2016年に公開されて大ヒットを記録した、新海誠監督による映画『君の名は。』でしょう。タイトルからしてそのものズバリです。主人公の女子高生の名前は、宮水三葉(みやみずみつは)。

漢数字をあしらった名前は、どこか和チックで古風な情緒が感じられるものです。三葉は宮水神社の巫女を務めるという役どころのため、新海監督が漢数字の『三』を取り入れたのではないか、と私は勝手に推測しています。実際、漢数字を取り入れたファーストネームは男女を問わず、雅で美しい、独特の文字面と音感があるものばかりです。

以下に例を挙げてみました。

七彩(ななさ)／四希(しき)／十六夜(いさよ)／一望(ひとみ)

千琴(ちこと)／十紀人(ときひと)／五夢(いつむ)／八瑠奈(はるな)

いかがですか？　あなたの作品にもぜひ使ってみてください。

ギャップのあるフレーズで インパクトを放つ

気をてらいすぎずに品格と好感を念頭に置き、 物語の芯を貫く言葉を選びましょう

✦ 今やタイトルはその作品の 売れ行きを左右する一大要因

　名作や大ヒット作には、往々にしてその時代をリードする、斬新で刺激的、そしてショッキングなタイトルが付いているもの。夏目漱石の『吾輩は猫である』(1905年)、太宰治の『人間失格』(1948年)——ふたりの文豪によるこれら代表作は、当時としてはかなり衝撃的な表題だったに違いありません。

　今から20年前の2003年に刊行された、東京大学名誉教授・養老孟司の著書『バカの壁』も、その言葉のインパクトから大きな話題となり、400万部を超えるベストセラーを記録しました。そればかりか同年の新語・流行語大賞、毎日出版文化賞特別賞を受賞したほどです。

　ギャップのある言葉を意外な形で組み合わせると、わずか数文字のタイトルであっても大きなパワーを持ちます。しかもインパクトのみならず、〝視認しやすい〟〝記憶しやすい〟というメリットを備えます。

　今やタイトルはその作品の売れ行きを左右する一大要因といわれます。それゆえに書き手はもちろん編集者も、表題の選定に重きを置き、熟考に熟考を重ねて決定するようになりました。

● **インパクトのある名タイトルを付けるためのセオリー**

☑ できれば10文字以内でコンパクトにまとめる

☑ 物語のテーマやメッセージを必ず入れ込む

☑ 時代性を無視したグロな言葉選びをしない

◆ いわゆる〝真芯〟を貫くキーワードが　入っているかを確認すること

　ギャップのあるフレーズで一世を風靡した、近年の大ヒット作を挙げてみました。創作に興味のある方・関わる方なら、きっとご存じでしょう。

『空飛ぶタイヤ』池井戸潤著　　　　『蹴りたい背中』綿矢りさ著

『容疑者Ｘの献身』東野圭吾著　　　『コンビニ人間』村田沙耶香著

『騎士団長殺し』村上春樹著　　　　『君の膵臓をたべたい』住野よる著

　いずれの作品タイトルからも、短い文字数のなかに凝縮された、意外な言葉の組み合わせが持つ不思議な響きを感じ取れるはずです。

　この流れを汲むタイトルを付けるには、いくつかコツがあります。

　まず、長すぎないこと。できれば10文字以内が理想です。次に、物語のテーマやメッセージといった、いわゆる〝真芯〟を貫くキーワードが入っているかを確認すること。これが外れていれば、作品としての評価が下がってしまいます。最後に、奇をてらいすぎないこと。時代性を無視したグロな言葉選びはご法度です。あくまで品格と好感を念頭に置きましょう。

一瞬で読者のハートを射抜くタイトルを付けられれば書き手として一流の証し

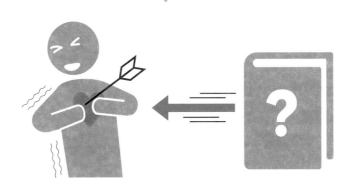

漢字の持つイメージを
的確に組み合わせる

読者層を明確に意識して漢字を用いることは
書き手が持つべき配慮であり、理想の作法です

❖ 読者が小中学生中心だと想定されたため
わかりやすくて象徴的な名前に

　昭和の名作には、登場人物の命名が秀逸なものがいくつも見受けられます。特に大ヒット漫画（アニメも含みます）でその傾向が顕著です。最たる例は『ドラえもん』ではないでしょうか。誰もが知る伝説的名作ではありますが、あらためて主要キャラクター4人のフルネームと役どころを紹介します。

> 野比 のび太（のび のびた）　　→　　のんびり屋で穏やかな主人公
> 源 静香（みなもと しずか）　　→　　清楚でかわいい優等生のヒロイン
> 剛田 武（ごうだ たけし）　　　→　　乱暴者でいじめっ子のボスキャラ
> 骨川 スネ夫（ほねかわ すねお）→　　小狡い性格で油断ならない曲者

　いかがですか？　キャラにマッチした絶妙な名付けですね。メインの読者層が確実に小中学生だと想定されたため、わかりやすくて象徴的な名前にしたのでしょうが、明確に読者層を意識した名付けは、書き手が持つべき配慮であり、理想の作法です。

> ● 美しい印象を与える漢字　10選（※著者判断）
> 彩／瑛／綺／華／雅／暁／艶／冴／貴／昴
> ● 不吉な印象を与える漢字　10選（※著者判断）
> 鬼／疫／悪／恐／血／怨／獄／腐／忌／堕

読者ターゲットに合わせた漢字選びを！

子どもも読める名前にしようかな

子ども　　　　大人

◆ 着目すべきは点は
名前を構成する漢字の選び方

　もうひとつは『巨人の星』です。『ドラえもん』と比べると、登場人物の名前に使われている漢字が若干難しくなっています。つまり、読者層が『ドラえもん』より上であることを意味しています。

星 飛雄馬(ほし ひゅうま)	→	「巨人の星」を目指す不屈の主人公
花形 満(はながた みつる)	→	名門財閥の金持ちでイケメン
伴 宙太(ばん ちゅうた)	→	飛雄馬を支える包容力ある人格者
左門 豊作(さもん ほうさく)	→	力強くも家族思いで朴訥(ぼくとつ)な性格
星 一徹(ほし いってつ)	→	比類なき頑固者で厳しい父親

　着目すべきは点は、名前を構成する漢字の選び方ではないでしょうか。たとえば星飛雄馬という4文字。まさに「空を飛んで星を掴むため、雄々しい馬のように突き進む」という、主人公の存在そのものを象徴しています。キャラクターの個性や特徴を体現する名付けセンスが少年漫画にぴったりです。

　命名技法を学ぶ視点で、昭和の名作にぜひ触れてみてください。

文字数が多い作品タイトルの
メリットと特徴

ここ20年ほどで、長く意味深なタイトルを
付けて独自性を打ち出す手法が定着しました

◆ 『セカチューブーム』で
タイトルの名付け方が変化

文字数が多くて長いタイトルの小説が近年ますます増えています。

読み字数が10文字を超える表題の本は、今や書店の平積みコーナーでも珍しくありません。

平均的な人で1秒間に10文字ほど読めるという定説があります。**つまり、1秒以上目で追うことで、はじめて作品タイトルを認識できるわけです。そこに生じる感覚的な違和感が、逆に注意を引く効果があるといわれます。**

作品タイトルの名付けにおいて、長めでどこか意味深、さらには独特の個性を打ち出す技法が市民権を得てきたのは20年ほど前からです。

2001年に刊行された青春恋愛小説の金字塔『世界の中心で、愛をさけぶ』(片山恭一著) が、昨今の長めタイトルの潮流の源と考えられます。『セカチューブーム』として社会現象になり、漫画化・映画化・テレビドラマ化・ラジオドラマ化・舞台化と、メディアミックスで売れに売れ、瞬く間に300万部を超える大ベストセラーとなった本作品によって、タイトルの付け方が変化していきました。

● 古くは1968年に長めタイトルの名作があった
映画『ブレードランナー』の原作『アンドロイドは電気羊の夢を見るか?』
(フィリップ・K・ディック著)は、当時では珍しい斬新な長めタイトル。
※原題『Do Androids Dream of Electric Sheep?』

他作品との差別化が図りやすく
表題自体が宣伝コピーの役割も担う

　以降、大ヒット作にみる珠玉のタイトルをざっと紹介していきます。

　2003年、本格ミステリーの記念碑的名作『葉桜の季節に君を想うということ』(歌野晶午著)が世に出ました。2006年、青春恋愛ファンタジーのベストセラー『夜は短し歩けよ乙女』(森見登美彦著)が刊行。2008年には『百瀬、こっちを向いて。』(中田永一著)、2010年には、のちに直木賞作家となる朝井リョウが『桐島、部活やめるってよ』で衝撃的デビューを飾ります。

　2014年、なろう系小説『転生したらスライムだった件』(伏瀬著)が、メディアミックス展開もあって大ブレイクを果たし、ライトノベル系作品が台頭していきます。ケータイ小説『あの花が咲く丘で、君とまた出会えたら。』(汐見夏衛著)が刊行されたのは2年後の2016年。TikTokで話題となり、シリーズ累計発行部数60万部を記録しました。同時期のヒット作では『ぼくは明日、昨日のきみとデートする』(七月隆文著:2014年刊行)があります。

　長い作品タイトルの最大の特徴は、イメージが膨らみやすく、強い興味喚起をもたらす点です。他作品との差別化が図りやすく、さらに物語のトーンを匂わせられるため、表題自体が宣伝コピーの役割も担います。

あまりに長すぎるタイトルだと残念な結果になる

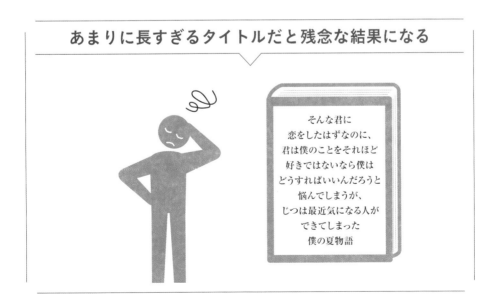

そんな君に
恋をしたはずなのに、
君は僕のことをそれほど
好きではないなら僕は
どうすればいいんだろうと
悩んでしまうが、
じつは最近気になる人が
できてしまった
僕の夏物語

難解で意味不明なタイトルは超有名作家以外はNG

創作は模倣からはじまる部分もありますが少なくとも
タイトルの付け方に関しては違うといえます

ひとりでも多くの方に中身を読んでいただくために機能すべき

　そもそも小説のタイトルを名付けるにあたっては「物語の内容を象徴する、端的でわかりやすい表現」を心掛けるのが基本です。テーマ、メッセージ、キーワードといった、作品の中核をなす言葉を厳選して命名し、ひとりでも多くの方に中身を読んでいただくために機能させなければなりません。そういった意味では前ページで解説した〝文字数が多くて長いタイトル〟は、その目的と役割を果たしているといえるでしょう。

　ところが一部の小説家においては、どんなストーリーなのか皆目見当がつかないくらい、難解すぎるタイトルを付ける場合があります。

　まず有名なところでは村上春樹です。2009〜2010年にわたって刊行された3部作『1Q84』以降、『騎士団長殺し』『街とその不確かな壁』と、難解なタイトルの作品が続きます。

　村上春樹が著者であると事前にわかっていれば、過去の作風からおぼろげに世界観を想像できるものの、著者名なくしてタイトルだけ見れば、まず物語の内容をイメージできるものではありません。

●タイトルを決める際に覚えておきたい三大ポイント
① 読者目線のわかりやすい文意になっているか？
② 長すぎず短すぎず、10字前後の字数がベスト
③ 漢字2〜3字のタイトルは避けたほうがベター

✦ タイトル付けが読者目線でなされているか という審査基準から乖離しない

　古代アステカ文明を絡めて、メキシコ麻薬カルテルや臓器ビジネスといったダークサイドを描いた『テスカトリポカ』で、第34回山本周五郎賞と第165回直木賞をダブル受賞した佐藤究の作品もまた難しいタイトル揃いです。

　『テスカトリポカ』以前の長編小説は『QJKJQ』『Ank: a mirroring ape』と、ジャンルすら想像できない表題ですが、いずれも大ヒットしました。

　30年近くミステリー文学界の第一線で活躍する森博嗣の作品タイトルも難解で有名です。デビュー作『すべてがFになる』にはじまり、『φ（ファイ）は壊れたね』から『ψ（プサイ）の悲劇』まで全11作品あるGシリーズ、『イナイ×イナイ』から『ダマシ×ダマシ』まで全6作品あるXシリーズなど、難解極まりないタイトルが目立ちます。

　直木賞作家の京極夏彦の場合は、『姑獲鳥の夏』『魍魎の匣』『陰摩羅鬼の瑕』と、これまた読みにくい漢字を多用した独自路線のタイトルが多く見受けられます。

　結論をいえば、このような難解で意味不明なタイトルは安易に真似すべきではありません。超メジャーな有名作家だけに許される特権だからです。そのような挑戦的で挑発的な名付けスタイルを、まだデビューしていない作家予備軍が踏襲したところでメリットはありません。

　難解タイトルを模してネット小説サイトに投稿しても——それがどれだけ優れた内容の作品であっても——多くの読者は敬遠し、まず読んでもらえません。さらには文芸新人賞に応募しても、なかなか編集部や審査員に受け入れてもらえないでしょう。なぜなら、タイトル付けが読者目線でなされているかという審査基準から乖離しているためです。

　創作は模倣からはじまる部分もありますが、少なくともタイトルに関しては違います。前述の通り、「物語の内容を象徴する、端的でわかりやすい表現」を意識し、まずは基本を実践するようにしましょう。

タイトルでオール英語表記は危険
漢字・カタカナ・ひらがなが◎

日常生活で使わない言語は一瞬での視認性が低く
日本語の理解度には到底及びません

✦ 英語・ローマ字表記のほうが
クールに映るのは間違いないものの

　ネット小説のタイトルでよくありがちな間違いについて、ここであらためて触れていきます。

　まず、P.25で解説した認識しやすい文字情報のおさらいです。

　ローマ字より漢字、漢字よりはカタカナやひらがな——これが一般的な日本人の目に馴染む文字形式の順序と書きました。

　ところがネット小説サイトにアップロードされている作品群のうち、タイトルが英語・ローマ字表記のものがかなり目立ちます。おそらく、「なんとなくそれっぽいから」「なんかカッコいいし」というのが大多数の作者の意見ではないでしょうか。確かに日頃から洋画や洋楽の英語タイトルを見慣れている私たちにとって、英語・ローマ字表記のほうがクールに映るのは間違いないのですが——では、ここで問題です。

　①『THE MURDER CLUB』　②『ザ・マーダークラブ』　③『殺人クラブ』

　見た瞬間、3択で一番意味を理解しやすいタイトルはどれでしょう？

　大多数の方が③と答えるはずです。つまり、そういうことなのです。

● **視認性と理解度が高くなるタイトル表記法を復習しよう**

☑ すべてが英語・ローマ字表記は基本的にNG

☑ 英語読みをカタカナ変換しただけの表記もNG

☑ 漢字とひらがなを組み合わせた日本語表記がベター

同じ意味ならやっぱり日本語で伝えたい

I love you.

愛しているよ

◆ 読者の興味や評価を大きく左右する 作品タイトルだからこそ日本語を用いる

　どれだけ英語・ローマ字表記がクールでも、日常生活で使わない言語は一瞬での視認性と理解度が低く、日本語には到底及びません。

　もしあなたがネット小説サイトでタイトル一覧を一瞥した瞬間、あるいは書店で平積みになっている本に視線を向けたとき、果たして英語・ローマ字表記のタイトル作品に目を奪われ、ぐっと心が引き込まれますか?

　ノーと答える人がほとんどでしょう。さらにいえば先程の3択の問題で、同じ日本語表記なのになぜ大多数の方が ② ではなく③ と答えるかといえば、『殺人クラブ』は［漢字+カタカナ］という組み合わせだからです。漢字よりカタカナやひらがなのほうが目に馴染む文字形式と前述しました。しかしすべてカタカナ表記より、漢字とカタカナの組み合わせのほうが視認性と理解度が高まる傾向にあります。しかも『マーダー』という単語を聞いたことがあっても、『殺人』と瞬時に頭で翻訳できる人は希少です。

　ここまで書けば、もうおわかりですね。読者の興味や評価を大きく左右する作品タイトルだからこそ、よほど特別な理由がない限り、英語・ローマ字表記、あるいは英語読みのカタカナだけの表記にすべきではありません。

大ヒットミステリー小説の時代を捉えた名付け技法

読者目線の〝くすぐる要素〟を盛り込む技法は
マーケティング手法にも近く、今どきの戦略です

◆ 現実に起きても不思議ではない 不気味なテーマを表現した作品タイトル

　ここ数年でヒットしたミステリー小説をいくつか取り上げ、今の時代にふさわしいタイトルの名付け技法について解説します。

　2021年刊行の『六人の嘘つきな大学生』（浅倉秋成著）は、新卒採用試験をめぐって、就活する大学生6人の心理戦と、ある事件の意外な結末、そして8年後の彼らの世界を描き話題となりました。**大ヒット要因のひとつが、不穏な事件を予感させる印象的なタイトルと装画にあるのは明らかでしょう。**

　しかもテーマは就活。誰もが一度は通るであろう人生最大の試練ですが、学生側も採用側も〝内定の基準〟が曖昧で、就活自体が謎に満ちています。嘘つきな6人の大学生がどんな事件を起こすのか、あるいは巻き込まれるのか、タイトルと表紙を見ただけでぐっと引き寄せられるものがあります。

　同氏の次作『俺ではない炎上』はある日ネットに素性を曝されて大炎上し、「女子大生殺害犯」とされた男の悪戦苦闘を描いています。タイトルを見ての通り、SNSがトリガーとなったミステリーです。今の時代、実際に起こり得るテーマを表現した作品タイトルに興味を引かれます。

● **Z世代を取り込む勝ち組戦略をピックアップ**

☑ TikTok、YouTubeといった最新ネット事情を題材にする

☑ 就活をはじめ婚活、涙活、留活、燃活、恋活などの活動をテーマに

☑ 不動の人気ジャンルとして確立された「本格ミステリー」領域で攻める

大ヒットの要因はネットを絡めた 令和ならではのアプローチにある

『#真相をお話しします』(結城真一郎著)は発売後、即大重版となった大ヒットミステリー。SNSでの検索性を上げる「#（ハッシュタグ）」がタイトルにあるように、こちらもネットが物語に関係します。同書に収録の『#拡散希望』はYouTubeが事件の動機に大きく関与し、時代の最先端を切り取った物語として、ネット世代に共感と恐怖をもたらす上質なミステリーに仕上がっています。ほかにもマッチングアプリ、リモート飲み会と、現代的な素材を巧みに連動させた新感覚のミステリー短編を収録した同書は、タイトルの挑戦的なフレーズにたがうことなく、読者の期待に応えます。

一方、すでに映画化も決定した『変な家』(雨穴著)はWebライター兼YouTuberの覆面作家による、動画と連動した不動産ミステリー小説。大ヒットの要因は、ネットを絡めた令和ならではのアプローチにあるでしょう。一風変わったテーマと切り口も、ミステリーの新境地を切り開いています。

就活、SNS、YouTube——Z世代に不可欠な素材を扱って創作し、タイトルに時代を捉えた読者目線の〝くすぐる要素〟を盛り込む技法はマーケティング手法にも近く、それでいて今や必須の勝ち組戦略となりつつあります。

時代を読み取った素材を扱わなければ 創作世界でも勝てなくなった？

日々の創作ルーティンと
創作スイッチを作ること

◆◆◆ **自分に最適な創作スイッチの発見は
より長く創作できる力の根源に** ◆◆◆

　創作に取り掛かるタイミングは難しい。

　デスクチェアに座ってパソコンの電源をオンにし、書きかけのWordファイルを起動するだけなのに、なかなか踏ん切りがつかない――。

　こういう方は案外多いのではないでしょうか。かつての私もそうでした。

　執筆は気持ちが乗ってくれば楽しいのですが、「いざ書きはじめる」手前で心が躊躇してしまいがち。じつのところ、創作とは耐え難い苦痛を伴う仕事なのです。これはどんなに著名な大作家でも同じです。

　それでも、打開策はあります。それは日々の創作ルーティンと創作スイッチを作ることです。私の場合、毎朝午前4時には起床します。アルコールを飲む習慣がなく、毎晩10時には就寝するため、目覚めは快適です。かつてお酒を飲んでいたとき、こうはいきませんでしたし、創作にとってアルコールは天敵以外のなにものでもありません（※あくまで個人の見解です）。

　起床後は20分以上風呂に浸かり、心身を覚醒させます。そうしてマグカップになみなみと注いだ濃い目のブラックコーヒーを飲み終える頃、夜明けとともに創作スイッチがオンになり、執筆意欲がフルチャージされています。

　執筆は早朝が一番はかどります。約5時間で400字詰め原稿用紙10枚書けばその日の仕事を終え、あとはプールに行ってたっぷり2キロ泳ぎます。

　それでもスランプに陥る日があります。そういうときは1時間以上散歩するか、海までドライブします。その間、創作と物語のことは一切忘れます。

　すると、徐々に気持ちが上を向き、物語を書きたくなってくるのです。

　自分に最適なスイッチの発見は、より長く創作できる力の根源となります。

3章

外国語を駆使した名付けのコツ

普段何気なく触れている外国語ですが、じつはキャッチーな音の単語で溢れています。さまざまな言語の特徴を掴んで、名付けの足掛かりにしましょう。

〝言葉の創造〟と〝言葉の発見〟を使いこなす

実在する言語からふさわしい言葉を抽出する——
鉱山から金脈を掘り当てるような方法です

◆ さまざまな言語から、イメージや物語にフィットする言葉を見つけ出す

　1章、2章と、登場人物やタイトルに関する名付けの大前提や基本原則、いくつかのベーシックな技法について解説しました。それらは主に、日本を舞台とした、日本人が登場する物語という設定でのルールや方法論でした。

　ここでは、2つのカテゴリーに大別される名付け技法の根本的な方法論についてお話しします。

　ひとつは書き手が自分自身の発想で自在に言葉を作り込む〝言葉の創造〟です。ゼロから創出する造語はもちろん、2語以上の既存の言葉を組み合わせる場合でも、出来上がるのはオリジナルの新語となるため、こちらのカテゴリーに含まれるとお考えください。

　もうひとつは、すでに辞書やネットコンテンツなどに記されてある言葉のなかから、自分のイメージや物語にフィットするものを見つけ出す〝言葉の発見〟です。自ら言葉をクリエイトするのではなく、古今東西・世界各国に存在するさまざまな言語のなかから抽出します。いわば言葉の無尽蔵な金脈から、まさにベストチョイスのフレーズを発見する方法です。

● あなたも知っているあの名前もじつは外国語由来

☑ 『ガスト』——「美味」「味わい」の意のスペイン語

☑ 『メルカリ』—— 英語の「マーケット」の語源のラテン語

☑ 『イオン』——「永遠」「永久」を表すラテン語

ファンタジーや幻想世界、仮想空間など フィクションの世界観を描いた物語の名付けに

〝言葉の発見〟によって名付けられたものは、私たちの身の回りの商品名にたくさんあります。化粧品、シャンプー、石鹸、コーヒー、家電類、お酒、洋服、雑誌、車——〝言葉の発見〟で命名された商品やブランドや店舗は日本語以外でも数多に存在し、それら外国語の語源や正確な意味を知らなくても、日常の暮らしで何気なく口にしているのです。そのように考えると不思議な感じがしませんか？

さて、〝言葉の発見〟による名付けが有効なのは、前述の「日本を舞台とした、日本人が登場する物語」ではありません。

言葉を発見するのは、英語、フランス語、スペイン語、ドイツ語といった外国語に加え、ラテン語やギリシャ語といった欧米の言語のもととなる古典語が中心となるでしょう。

となれば当然、見つけ出す言葉はカタカナ表記かスペリング表記で、カタカナ読みが主体となるため、物語の舞台設定もガラリと変わります。

これらの言葉は、主にファンタジーや幻想世界、あるいは仮想空間など、フィクションの世界観を描いた物語の名付けに適しています。

世界に存在する多種多様な言語から 自分の物語にふさわしい言葉を発見しよう

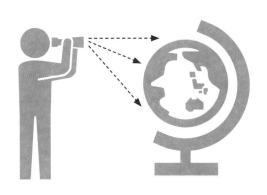

カタカナ名のキャラを作るなら まずは英語からチェック

幻想世界や未来設定のファンタジーの場合、英語のワードを
巧みに盛り込めば、世界観に奥行きと広がりを感じさせます

✦ 私たち日本人はつねに何がしかの 英語のフレーズを見聞きしている

　英語は日本人にとって〝言葉の発見〟の宝庫といえるでしょう。洋画や洋楽
の影響も多大です。それら作品の多くが英語圏のアーティストによるもので、
私たち日本人はつねに何がしかの英語のフレーズを見聞きしています。

　**物語にカタカナ名のキャラクターを登場させたいとき、まずは英語から
チェックしてみましょう。しっくりくる固有名詞が見つかりやすいと思います。**

　以下、参考までに語感と音感が美しい英語ネームを挙げてみました。

Alan（アラン）　Leo（レオ）　Fox（フォックス）　Ash（アッシュ）

Axle（アクセル）　Dean（ディーン）　Duke（デューク）　Rush（ラッシュ）

Chloe（クロエ）　Trinity（トリニティ）　Rose（ローズ）　Mint（ミント）

Judy（ジュディ）　Hazel（ヘーゼル）　Iris（アイリス）　Grace（グレース）

　ジェンダーレスの時代なので厳密な男女区別のセオリーはありませんが、
囲みの上2行が男性、下2行が女性に人気のファーストネームです。

● **名前も美しい21世紀を代表するハリウッド女優**

① Jennifer Lawrence　（ジェニファー・ローレンス）

② Scarlett Johansson　（スカーレット・ヨハンソン）

③ Rebecca Ferguson　（レベッカ・ファーガソン）

発音、文字面、意味合いの3項目を採用基準としてピックアップする

　続いて、語感と音感がスタイリッシュで、しかも言葉の意味が物語に使いやすい英単語をアトランダムに10個ほど列挙してみました。

> Eternity（エタニティ）永遠　／　Crusade（クルセード）聖戦
>
> Geyser（ガイザー）間欠泉　／　Insignia（インシグニア）記章
>
> Nova（ノヴァ）新星　／　Paraselene（パラセレネ）幻月
>
> Amnesia（アムニージア）記憶喪失　／　Catalyst（カタリスト）触媒
>
> Vanity（ヴァニティ）虚栄心　／　Erudite（エリュダイト）博識な

　幻想世界や未来設定のファンタジーの場合、こういった英語ワードを巧みに盛り込めば、世界観に奥行きを持たせることができます。発音、文字面、意味合いの3項目を採用基準としてピックアップすることをおすすめします。

　今の時代、ネットにまとめサイトが多数あるものの、発見する歓びを感じたいなら、英和・和英辞典に向き合うのも一手です。まだ誰も気づいてない、自分だけの物語にふさわしい言葉に出会えるかもしれません。

洋画をチェックするとカッコいい名前に出会える確率がアップ

モダンでエレガントな作品なら フランス語との親和性は抜群

**全世界に約6,100種類ある言語のなかで
フランス語は世界一美しいと評されることがあります**

✦ 『arc-en-ciel』(アルカンシエル) はフランス語で「虹」を意味

　突然ですが、フランス語にどんなイメージをお持ちでしょうか？

　お洒落、上品、上質、洗練、モダン、エレガント——。間違いなく、このような賞賛の声が聞こえてきそうです。

　実際、フランス語は多くの人々のイメージにたがうことなく、お洒落で洗練された響きと語感を持つ言葉です。約6,100種類あるといわれる言語のなかで、世界一美しいと評されるほどなのです。そして私たち日本人にとってフランス語は、英語に次いでポピュラーな外国語であるといえます。

　身近なフランス語を挙げてみます。まずファッション関連では、『haute couture』(オートクチュール)、『prêt-à-porter』(プレタポルテ) が周知でしょう。芸術関連では、『encore』(アンコール)、『concours』(コンクール)といった言葉が日本語のように使われています。さらにフランス語に欠かせない料理関連の言葉では、『champagne』(シャンパン)、『gâteau au chocolat』(ガトーショコラ) などがあります。ちなみにロックバンド『L'arc~en~ciel』(ラルクアンシエル)はフランス語で「虹」を意味します。

● 料理関連の言葉には日本語と化したフランス語がいっぱい

croquette（コロッケ）／ parfait（パフェ）／ buffet（ビュッフェ）／
bistro（ビストロ）／ mayonnaise（マヨネーズ）／ menu（メニュー）／
pot-au-feu（ポトフ）／ à la carte（アラカルト）／ gratin（グラタン）

名前のような固有名詞と
それ以外の語彙との区別がつきにくい特徴が

モダンでエレガントな世界観の作品を構想しているなら、フランス語との親和性は抜群です。以下、参考までに語感と音感が美しく、ファンタジー系の物語にトレースできそうな言葉を挙げました。

> lèvre（レーヴル）唇 ／ fleur（フルール）花
>
> sirène（シレーヌ）人魚 ／ ciel（シエル）天・空
>
> flamme（フラム）炎 ／ nébuleuse（ネビュルーズ）星雲
>
> panthère（パンテール）豹 ／ gloire（グロワール）栄光
>
> tendresse（タンドレス）思いやり ／ ailes（エール）翼

フランス語は英語と異なり、名前のような固有名詞とそれ以外の語彙との区別がつきにくいのが特徴。よって、登場人物に上記のワード（たとえばヒロインに人魚の意味のシレーヌ）をあててみても違和感がありません。

また、フランス語は〝愛を語り合う言語〟ともいわれます。ラブストーリー系の物語なら、ぜひ恋愛関連のフランス語を調べてみるべきです。

いくらフランス語で愛を語っても
相手に通じないケースもある

Je t'aime
（ジュ・テーム）
※愛している

Tu me manques
（テュ・ム・モンク）
※あなたが恋しい

スミマセン
わかりません

Mon bébé
（モン・ベベ）
※私の赤ちゃん

ドイツ語は質実剛健な文字面でインテリジェンスな語感を生む

高尚な世界観を描いていく際にはドイツ語をトレースするのは非常に有効でしょう

◆ 『Spitz』(スピッツ) はドイツ語で「尖っている」という意味

　一見難しそうなイメージのドイツ語ですが、じつは日本人にとってフランス語と同様に身近な存在です。**気づかないだけで、身の回りにはドイツ語が溢れ、日常的に見聞きしています。**たとえば『Arbeit』(アルバイト)。今やすっかり日本語として定着していますが、ドイツ語が由来なのです。ただし、ドイツ語本来の意味は広く、仕事全般から学術研究までを含みます。

　食べ物の『Wiener』(ウインナー)もドイツ語ですが、茹でた状態を指すため、日本でのウインナーとはニュアンスが異なります。

　ほかにも『Hysterie』(ヒステリー)、『Hormon』(ホルモン)、『Märchen』(メルヘン)、『Rucksack』(リュックサック)など、身近に使われるドイツ語由来の日本語は数多く散見されます。その背景には、明治時代以降、欧米の近代技術を導入する過程で、ドイツの文化や学術が多岐にわたって取り入れられたことが深く関係しています。

　意外なところでは『Spitz』(スピッツ)もまたドイツ語で、「尖っている」という意味です。どこかで聞いたことがありますね。

● ドイツ語が強い3分野に注目しよう

☑ 法学、医学、化学、物理学などの学術用語

☑ 音楽、登山、スキーなどの芸術・娯楽用語

☑ ビール、ワイン、ウインナーなどの飲食用語

一度は乗りたい「カッコイイ外車」の上位に並ぶ

『PORSCHE』『BMW』『BENZ』『OPEL』『VOLKSWAGEN』

✦ 医学、政治、経済といった 文化的にハイレベルな分野の語彙が多数

身近な言葉ばかりではなく、ドイツ語にはもうひとつの顔があります。

それは以下のように、医学、政治、経済といった、文化的にハイレベルな分野の語彙が多数存在する点です。

『Ideologie』(イデオロギー)／『Antithese』(アンチテーゼ)：思想系用語

『Präparat』(プレパラート)：理科系用語

『Generalprobe』(ゲネプロ)：芸術系用語

『Adrenalin』(アドレナリン)／

『Doppelgänger』(ドッペルゲンガー)：医学系用語

『Hierarchie』(ヒエラルキー)：宗教系用語

『Gewalt』(ゲバルト)／『Kartell』(カルテル)：政治・経済系用語

そもそもドイツ語圏は医学において世界の頂点に君臨するほど、高い学術水準を誇ります。また『PORSCHE』『BMW』『BENZ』『OPEL』『VOLKSWAGEN』と、世界有数の自動車メーカーが集結する国であることは周知です。

どこか質実剛健な文字面で、インテリジェンスを感じさせる語感が特徴のドイツ語。思想・政治・化学・経済などを絡めた高尚な世界観を描く際に用いると、非常に有効でしょう。

知的かつ神秘的な 趣ある音の響きならラテン語を

物語を貫くテーマやメッセージとして、登場人物にラテン語で
格言を語らせるのも説得力が生まれる技法のひとつです

✦ バチカンの聖職者や 西洋古典を専門とする学者の間で息づく

　ギリシャ語と双璧を成し、ヨーロッパ文明の発展と欧米言語の誕生に大きく寄与したラテン語。とりわけ英語のルーツとして存在感を放ち、現在使われている英語の語彙の過半数は、ラテン語が起源だといわれています。

　現代でラテン語を公用語とする国はバチカン市国のみですが、専門用語・学術用語・祭祀宗教用語として用いられ、聖職者や西洋古典を専門とする学者の間で息づいています。

　知的かつ神秘的な趣ある音の響きから、欧米の映画や小説をはじめとする創作作品で、しばしばモチーフとして取り上げられるのは今も昔も変わりません。有名な格言として、フランスの哲学者であり数学者のルネ・デカルトの言葉があります。

　『Cogito, ergo sum.』(コーギト・エルゴ・スム)

　意味は「我思う、故に我あり」。

　いにしえの偉人たちのラテン語による格言は、現在も廃れることなく、それらの多くが語り継がれています。

● **覚えておきたい！　ラテン語の著名な格言BEST3**（※著者判断）

① 『Vivere est militare.』生きることは戦いだ

② 『Alea jacta est.』賽は投げられた

③ 『Requiescat in pace.』死者に安らかな眠りを

◈ 神や悪魔のようなシンボリックな存在に命名するのも効果的

　荘厳で重厚感ある物語において、ラテン語の活用は特に有効です。

　事象や現象にラテン語から引用した語彙を名付ければ、神秘性を醸し出せます。主人公を取り巻く敵や兵士の身分にラテン語を用いれば、奥深い世界観を表現できます。神や悪魔のようなシンボリックな存在に、ラテン語の名を付けるのも効果的でしょう。物語を貫くテーマやメッセージとして前述のような格言を語らせるのも、説得力が生まれる技法のひとつです。

　ファンタスティックで汎用性の高い単語を抜粋したので、ぜひ参考にしてみてください。

『deus』(デウス)神　/　『aurora』(アウローラ)夜明け　/　『lapis』(ラピス)石

『carnifex』(カルニフェクス)処刑人　/　『bellum』(ベルルム)戦争

『princeps』(プリンケプス)第一人者　/　『lacrima』(ラクリマ)涙

『finis』(フィニス)終わり　/　『caedes』(カエデス)殺戮

『caelum』(カエルム)空　/　『ruina』(ルイナ)遺跡　/　『nebula』(ネブラ)霧

『magister』(マギステル)師匠　/　『gladius』(グラディウス)剣

『pyrobolus』(ピュロボルス)爆弾　/　『circulus』(キルクルス)円

登場人物の身分や地位をラテン語で名付ければ物語のスケールがぐっと壮大になる

神々と英雄の物語を感じる語感が優美なギリシャ語

ギリシャ語は、神々と英雄たちの物語であり、芸術的霊感の源泉といわれる、ギリシャ神話を生み出した歴史ある言語です

◆ その独特の字体から難解な言語という共通認識が世界的に持たれている

　ラテン語と同様に古代から連綿と引き継がれ、3000年以上もの長い歴史を誇るギリシャ語。両言語の最大の違いは、ラテン語がネイティブスピーカーの存在しない言語であることに対し、ギリシャ語は今もなお日常的に使用されている点でしょう。

　しばしば混同されがちですが、ラテン語とギリシャ語ではアルファベットが異なります。ローマ字はギリシャ語のアルファベットから進化したといわれるものの、古代ギリシャ語はその独特の字体から難解な言語であるという共通認識が世界的に持たれています。

　それゆえか、ラテン語のように欧米言語の発展に大きく寄与してはいません。**それでも芸術、科学、医学の分野で現在も使用される単語には、ギリシャ語に由来するものが多く存在します。**身近なところでは、『スクール』『タレント』『ラプソディ』『カリスマ』『グラフ』『リズム』『アレルギー』『プラスチック』などが挙げられます。

　では、物語創作におけるギリシャ語の活用技法について解説していきます。

● ギリシャ神話は神々だけでなくヒールの怪物たちにも注目したい

☑ テュポーン：ギリシャ神話で最強と評される最大クラスの怪物

☑ ギガンテス：ゼウスに戦いを挑んだ絶大な力を持つ巨人

☑ ヒュドラ：禍々しい無数の首から猛毒を撒き散らす大蛇

◆ 神々の名はすでに使用頻度が高いため
名付ける前に入念な下調べを

ギリシャ語の最大の強みは、神々と英雄たちの物語であり、芸術的霊感の源泉といわれる、かのギリシャ神話を生み出した言語だという点に尽きるでしょう。当然ながら、ギリシャ語には神を表した単語が多数あります。

以下では神の名を含め、ギリシャ語らしい壮大なる精神性を備えながら、語感に優美さが漂う単語をピックアップしてみました。

『Athena』（アテナ）：芸術や知恵を司る戦いの女神

『Iris』（イーリス）：虹の女神

『Sophia』（ソフィア）：叡智を司る女神

『Khaos』（カオス）：世界のはじまりから存在した原初神

『Kronos』（クロノス）：全知全能の神ゼウスの父

『Anarkh』（アナンケー）：宿命や運命を司る女神

『Selene』（セレネ）：絶世の美女と謳われる月の女神

『Eeliaas』（イーリーアース）：預言者

『Gigantes』（ギガンテス）：巨人族

『Psykhē』（プシュケー）：魂や心を包括する生命

『Photia』（フォティア）：業火、炎

『Saurus』（サウルス）：蜥蜴（とかげ）

『Exodos』（エクソドス）：出発

『Hysteria』（ヒステリア）：神経症を指すヒステリーの語源

『Diatiofi』（ディアトロフィ）：痩身を意味し、ダイエットの語源

『Meraki』（メラキ）：献身的な愛

登場人物、象徴、事象を表現するにふさわしいワードがギリシャ語には溢れています。ただ注意すべきは、アニメや漫画、ラノベ、ゲームといったエンタメ作品で既出のものが非常に多いこと。とりわけ神々の名は使用頻度が高いため、名付ける前に入念な下調べをしましょう。

ファンタジー系のヒーローに合う！
耳馴染みがいいスペイン語

明快でキャッチーな響きを伴うスペイン語は
親しみやすさを演出できる言語です

◆ カタカナ表記で違和感なく
ローマ字読みでスムーズに発音できる

　先に解説した英語からギリシャ語までの5つの言語と比較した場合、そこまで知名度が高くないこともあるでしょうが、スペイン語が物語創作における名付けで重宝されるという事実は意外に知られていません。

　スペイン語の特徴のひとつは、音感から受ける印象です。末尾が[a、e、o]という母音で終わる単語が多く、明快な響きが伴うことから、日本人には耳馴染みがいいといわれます。

　また[子音 + 母音]という音韻で、ローマ字と共通するスペリング構造のため読みやすく、カタカナ表記にしても違和感がありません。以下に単語の例を挙げたので、ぜひスペルを声に出して綴ってみてください。ローマ字読みでスムーズに発音できるのがおわかりいただけると思います。

『esperanza』（エスペランサ）希望 ／『estrella』（エストレジャ）星

『cielo』（シエロ）空 ／『oración』（オラシオン）祈り

『amistad』（アミスタ）友情 ／『deseo』（デセオ）願い

『inocente』（イノセンテ）無邪気な ／『diosa』（ディオーサ）女神

● 日本車名に多いスペイン語由来のネーミング

☑ 『SERENA』（セレナ）晴々とした／『ALTO』（アルト）高い、止まれ

☑ 『LARGO』（ラルゴ）長い／『PRIMERA』（プリメーラ）最上級

☑ 『CEFIRO』（セフィーロ）そよ風／『CIMA』（シーマ）頂点

※販売終了の車種を含みます

英語にはない愛くるしさや
親しみやすい雰囲気も

　情熱の国スペインの男性の名前は、雄々しくて勇ましい意味合いを持ち、強さと個性を表すものが人気。ファンタジー系物語のヒーローにふさわしいワードがきっと見つかるはずです。

> 『Marco』（マルコ）好戦的な ／ 『Enrique』（エンリケ）支配する者
> 『Alonso』（アロンソ）戦いに熱心 ／ 『Miguel』（ミゲル）神々しく
> 『Ivan』（イバン）弓の達人 ／ 『Nicolao』（ニコラオ）勝者

　一方、女性の名前はキュートで瑞々しく、しかも日本語としても違和感ないものが多いため、アニメや漫画で採用されるケースが多々あります。

> 『Luna』（ルナ）月 ／ 『Lita』（リタ）眩しいほどの光
> 『Ana』（アナ）優雅な気品 ／ 『Elba』（エルバ）暁
> 『Clara』（クララ）輝く存在 ／ 『Mia』（ミア）大切な宝物

英語にはない愛くるしさや親しみやすい雰囲気もあっておすすめです。

スペインで有名な女性たちの名前

『Penélope Cruz』（ペネロペ・クルス）　女優
『Rosalía』（ロザリア）　歌手
『Lola Índigo』（ローラ・インディゴ）　歌手
『Clara Alonso』（クララ・アロンソ）　モデル

異世界感を強調し作品を ユニークにするイタリア語

スタイリッシュな語調が特徴のイタリア語は 世界観の底上げにひと役買ってくれます

ファッションや食文化で世界的人気を博す 『amore』に満ちたお国柄

イタリア語で『amore』(アモーレ)は「愛」を意味し、夫や妻、家族、趣味やものに対しても使われます。さながら、スペインが〝情熱の国〟だとすれば、イタリアは〝愛が溢れる国〟といったところでしょうか。

実際、イタリア人は表現力に長けた気質を誇ります。**世界的なファッションブランドの発信地であり、歴史的には音楽が隆盛を極め、食文化は世界的な人気を博すなど、芸術・文化への**『amore』に満ちたお国柄です。

そうした背景もあり、日本ではファッション雑誌のネーミングにイタリア語がしばしば用いられます。『Oggi』(オッジ)＝今日、『VoCE』(ヴォーチェ)＝声、『UOMO』(ウオモ)＝男性、『Domani』(ドマーニ)＝明日、などが挙げられます。

一方、イタリア語由来で日本に浸透した言葉は豊富にあります。顕著なのは音楽分野。『do, re, mi, fa, so(l), la, si, do』(ドレミファソラシド)にはじまり、『forte』(フォルテ)、『piano』(ピアノ)、『andante』(アンダンテ)、『obbligato』(オブリガート)といった用語はすべてイタリア語です。

●イタリア有名ブランドのネーミングの意味を知る

☑ BOTTEGA VENETA (ボッテガ・ヴェネタ)：ボッテガは「工房」、ヴェネタは「地方」を意味し、元来は田舎で家族経営を行う工房だった

☑ DIESEL (ディーゼル)：発音しやすさに加え、創業当時注目されていたディーゼル燃料のように世間を活気づけたいと考えた

◆ 1語1語がカラフルな 独自イメージを放つため印象が強烈

もちろん、イタリア料理の分野にもたくさんあります。

ざっと例を挙げてみましょう。『tiramisu』（ティラミス）、『caffelatte』（カフェラテ）、『minestrone』（ミネストローネ）、『pizza』（ピッツァ）、『pasta』（パスタ）、『maccheroni』（マカロニ）、『broccolo』（ブロッコリー）、『eryngi』（エリンギ）――日常的に聞き覚えのある単語が並びます。

では、イタリア語を名付けに活用する際、どのような作品への用途が考えられるでしょうか。

代表的なのは物語の世界観がファッショナブルかつフェミニンな、ハイファンタジーを描くときです。以下をご覧ください。

『mistico』（ミスティコ）神秘的な ／ 『gelosia』（ジェロシーア）嫉妬
『verità』（ヴェリタ）真理 ／ 『sognando』（ソニャンド）夢見るように
『piacere』（ピアチェーレ）歓喜 ／ 『rabbia』（ラッビア）怒り
『soavità』（ソアヴィータ）甘美 ／ 『raffinato』（ラッフィナート）上品な
『fenice』（フェニーチェ）不死鳥 ／ 『fervore』（フェルヴォーレ）情熱
『speranza』（スペランツァ）希望 ／ 『fioritura』（フィオリトゥーラ）開花
『infernale』（インフェルナーレ）悪魔的な ／ 『celeste』（チェレステ）空色の
『scintillante』（シンティランテ）煌びやか ／ 『fiore』（フィオーレ）花

スペイン語とは明らかに第一印象が異なりますね。

「フェ」「チェ」「ティ」「フィ」「ツァ」と促音や拗音が目立ち、声にして読めば弾けて跳ねるような、それでいてスタイリッシュな抑揚を感じさせる洒脱な語調がイタリア語の特徴といえます。

しかも、1語1語がカラフルな独自イメージを放つため印象が強烈です。その複雑さと奥深さが文字面から滲むように異世界観を強調し、イタリアという国の芸術テイストが作品にユニークな彩りを添えるでしょう。

『amore』を感じさせたい物語を創作する際には、イタリア語を活用することをおすすめします。

複雑な母音とアクセントから発音の再現が難しいロシア語

キリル文字という馴染みの薄い表音文字で表記されるため
スペルから語意をイメージしにくい難点もあります

◈ 縁遠いと感じながらも 近年、ポピュラーな存在になりつつある

資源大国、経済大国として名を馳せるロシア。

なにかと話題に事欠かない国ではありますが、ロシア語と聞いてもピンとこない人が多いのではないでしょうか。理由は文字面にあります。ロシア語は系譜としては英語の親戚にあたるものの、アルファベット表記ではありません。キリル文字という日本人には馴染みの薄い表音文字で表記され、スペルから語意をイメージしにくい難点があります。さらに複雑な母音とアクセントから、発音の再現が難しいといわれます。

唯一、私たちに身近なロシア語といえば、ロシア料理のメニューでしょう。とはいえ耳に残っているのは限定的で、スープの『Борщ』(ボルシチ)、壺焼きの『Горшок』(ガルショーク)、調理パンの『Пирожки』(ピロシキ)、そして肉料理の『Бефстроганов』(ビーフストロガノフ)くらいではないでしょうか。

一般的に縁遠いと感じるロシア語ですが、近年、物語において頻繁に登場し、ポピュラーな存在になりつつあるのをご存じですか?

● 危ないロシアンマフィアが登場して大暴れするヒット映画
☑ 『イコライザー』(2014年)　デンゼル・ワシントン主演
☑ 『われらが背きし者』(2016年)　ユアン・マクレガー主演
☑ 『Mr.ノーバディ』(2021年)　ボブ・オデンカーク主演

日本人が抱くロシアのイメージは
ハリウッド映画が大きく影響している

ロシアをポピュラーな存在に近づけたのは映画です。

じわりじわりとロシアを舞台とした映画が増え、私たち日本人にとっては〝近くて遥か遠い国ロシア〟を、少し身近に感じられるようになりました。

転機は『ロッキー4／炎の友情』(1985年) でしょう。旧ソビエト連邦が舞台となり、ロッキーの宿敵ドラゴが強烈な存在感を放ちました。冷戦の影響もあり、その後はロシア人がヒール役として定着します。1990年代には本格的なロシアロケが可能となり、『ボーン・スプレマシー』(2004年) では大胆なカーチェイスがモスクワ市街で撮影されました。以来、『アイアンマン2』や『ミッション：インポッシブル』といったハリウッド大作でもロシア人がたびたび登場し、大規模ロケが現地で敢行され、ロシアの存在感が増していきます。

一部の作品では〝善いロシア人〟が登場しつつも、やはり全体の傾向として〝悪いロシア人〟というイメージは払拭しきれていません。

昨今の国際事情もあり、その流れは当面継続しそうですが、ロシアを物語の舞台として設定し、ロシア人キャラを登場させて人間関係やドラマをきちんと描けば、創作として大きなチャレンジとなることは間違いないでしょう。

有名俳優演じるハリウッド映画に登場した
ロシア人キャラの名前

イワン・ダンコ
モスクワ市警大尉

（アーノルド・シュワルツェネッガー）
『レッドブル』(1988年)

アレクセイ・
ボストリコフ艦長

（ハリソン・フォード）
『K-19』(2002年)

イリーナ・スパルコ
KGB職員

（ケイト・ブランシェット）
『インディ・ジョーンズ／
クリスタル・スカルの王国』(2008年)

日本語ならではの〝和〟の力を活用するポイント

漢字が組み合わさるだけで不思議なほどの儚さやわびさび、
そして多面的な意味と暗喩が生まれます

◆ 完成された熟語からインスピレーションを受けて名付けるのも良案

　日本語もまたひとつの言語として捉えたとき、他国語にはない素晴らしい特性があることに気づかされます。

　それは熟語です。

　文字数のバリエーションは多々ありますが、二字熟語でも粋で意外な漢字の組み合わせから、日本語特有の深淵な趣や響き、風情が感じられるものです。あるいは情景や眺望までが浮かび上がってくるものもあります。

　そもそも、創作における名付けには多様な技法パターンが存在します。

　登場人物の名付けにはまずキャラクター像をイメージして命名するパターンもあれば、その逆で、名前からキャラクター造形を深めて発展させるパターンもありなのです。

　となれば、すでに完成された熟語からインスピレーションを受けて名付けたり、物語の世界観の一部を構築したりするのも良案といえます。

　そのような柔軟な発想で熟語と向き合っていけば、おのずと創作の幅が広がり、物語展開に奥行きを持たせることすら可能となるのです。

● 三字熟語にもキャラクター造形のヒントがたくさんある

『麒麟児（きりんじ）』 才知に優れし者 ／ 『守破離（しゅはり）』 修業の過程

『韋駄天（いだてん）』 足の速い神 ／ 『外連味（けれんみ）』 虚勢を張ること

『阿修羅（あしゅら）』 仏教の守護神 ／ 『伏魔殿（ふくまでん）』 魔物の潜むところ

創作においては多視点での引き出しを持っておくことが非常に重要

たとえば時代小説風のファンタジーを構想し、そこに登場する複数の和女性キャラクターを考えなければならないとしましょう。個性溢れる人物像を描きたいのは誰もが同じです。そういった際、熟語から着想を得る手法があります。

以下、時代小説風の物語にふさわしい二字熟語を選んでみました。

『余花』(よか)夏に咲き残る桜花 ／『婀娜』(あだ)妖艶で美しいさま

『瑠璃』(るり)光り輝く青い宝石 ／『斑雪』(はだれゆき)まだらに降る雪

『綺羅』(きら)素敵な衣装 ／『皐月』(さつき)旧暦の5月

『慈雨』(じう)地へのめぐみの雨 ／『楚々』(そそ)清楚で優美な佇まい

いかがでしょう？　漢字、語感、語意から発想が膨らみ、なんとなくキャラクター像を作り込む手掛かりになりませんか？

漢字が2文字連なって組み合わさるだけで、不思議なほどの美しさや儚さやわびさび、さらには多面的な意味と暗喩が生まれます。

日本語ならではの〝和〟の力を活用しない手はありません。創作においてはこのような多視点での引き出しを持っておくことが非常に重要です。

熟語から得たイメージによって自然とキャラクター像が育っていく

name/慈雨

name/余花

方言を味方につければ
得るものは大きい

方言を作品で扱うならば、地元民も納得のクオリティに
仕上げることが絶対使命となります

◆ 一見すると疑問符しか浮かばず
理解できないところに名付けの妙がある

　まったく別の観点で日本語を深掘りするなら、方言に着目する技法もあります。ただしこの場合、登場人物の命名というより、タイトルの命名に用いるほうが適しています。

　ここまで書けば、多くの方がある作品を思い出されるのではないでしょうか。

　2022年4月より放送されたNHKの朝ドラ『ちむどんどん』です。沖縄が舞台となったこのドラマのタイトルは、沖縄の方言で「胸がドキドキする」という意味。主人公が沖縄出身であり、作中ではもちろん沖縄弁でのやりとりが多く見られます。

　第158回芥川賞を受賞した『おらおらでひとりいぐも』（若竹千佐子著）も方言です。本タイトルは宮沢賢治の詩『永訣の朝』の一節で、「ひとりで死んでいく」覚悟の意図を「ひとりでも生きていく」という解釈で表現したといわれています。

　一見すると、どちらの作品タイトルも疑問符しか浮かばず、すぐには意味を理解できません。ですが、そこに名付けの妙があるのです。

● 近隣の地域でも方言がまるで違うことがある

「ありがとう」というお礼の言葉は

・沖縄本島では「にふぇーどー」または「にふぇーでーびる」という

・与論島では「とーとぅがなし」といい、漢字で書くと「尊加那志」

受け手側に強い興味喚起をもたらすための フラグ的技法のひとつ

タイトル付けの鉄則は、〝作品の内容を象徴し、ジャンルや世界観が読者に伝わる言葉を厳選すること〟です。『ちむどんどん』も『おらおらでひとりいぐも』も、そういう意味では鉄則から大きく乖離したものとなっています。

ところがどうでしょうか？　どちらも人気を博した作品として、多くの人に観たり読んだりされました。

いわばこれは、鉄則の逆張りを狙ったもので、受け手側に強い興味喚起をもたらすためのフラグ的技法のひとつです。功を奏すれば話題となり、ヒット作を生み出すきっかけとなります。

とはいえ、安易に手を出すべき技法ではありません。この技法を用いるなら、タイトル負けしない内容を冒頭から展開して、瞬く間に受け手側を惹きつける要素を提示する必要があるからです。そうしてタイトルの真意に導くフラグ回収を、序盤からテンポよく計算して展開しなければなりません。もちろん、作中ではタイトルに使われた方言を駆使して、地元民も納得のクオリティに仕上げることが絶対使命となります。

リスクは高いものの、方言を味方につければ得るものは大きいでしょう。

じつに細分化された方言が日本列島には存在する

琉球方言
北琉球方言・南琉球方言

本土方言

九州方言
薩摩方言
中国方言
四国方言
近畿方言
岐阜・愛知方言
長野・山梨方言
北奥羽方言
南奥羽方言
東関東方言
西関東方言
八丈島方言
北海道方言
東北方言
東日本方言
西日本方言

インプットとアウトプットが
創作の原動力になる

「溜まる」という表現がふさわしいほど
〝何か〟が音もなく自分の内側へ

　〝出尽くした感〟に囚われてしまうのは書き手のつねです。

　書きたいのに書けない。閃きそうで閃かない。頭のなかが茫漠とした状態になって、アイデアが出そうにないときは、自分に無理強いしないことです。

　物語を書き続け、推敲に推敲を重ね、書き終わったらすぐに次のプロットに取り掛かって——そんなことを延々と繰り返していれば、誰しも行き詰まって発想やモチベーションが低下し、脳内が枯渇してしまいます。

　そんなときはインプットが有効な手立てです。

　映画、小説、漫画、ドラマ、舞台、ライブなど、観たいと感じるものをとことん鑑賞してその世界に浸り、自分のなかにインプットしていきましょう。「溜まる」という表現がふさわしいほど、〝何か〟が音もなく自分の内側へこんこんと溜まっていくはずです。

　私の場合、とにかく映画と小説です。そうしてインプットしながら、心がピクンと反応するワードやフレーズに出会うと、すぐにアイデア帳かスマホのメモアプリに書き写します。アウトプットの一端のはじまりです。

　こうして〝出尽くした感〟に囚われた空っぽの自分に、いろんな作品のインプットを通じて、ゆっくりとアウトプットを開始していきます。やがて、あたかもフィルターのように、自らを介して循環させていくうちに、いつの間にか枯渇していた脳内に〝何か〟の欠片がたくさん蓄積されているのです。

　不思議な話ですが、切り返しのタイミングまでわかります。その後はじわじわと発想やモチベーションが向上し、創作の通常運転が本格化します。

　行き詰まったとき、騙されたと思って一度やってみてください。

4章

実践編①

創作キャラの
名付けの技法

実際に名付けるときにまず注目したいのが、作品のジャンルと作品内での登場人物の役割です。これらを考慮することで、物語の世界観がぐっとまとまります。

主人公と物語ジャンルの関係性を考える

主人公のイメージを想像させるモチーフ、呼びやすさを高度に計算したうえで実践しなければなりません

◆ アイコン的役割を果たすところに作者の命名意図が明確に読み取れる

　ひとつの端的な例を挙げるとすれば、第110回直木賞を受賞した『新宿鮫』シリーズ（大沢在昌著）でしょう。映画化、TVドラマ化、漫画化と、メディアミックスされるほど大人気の当ハードボイルドシリーズの主人公は、ヤクザや裏社会の筋から〝新宿鮫〟と呼ばれて恐れられる、鮫島という名前の孤高かつ屈強な刑事です。

　つまり、作品名と主人公名は完全にリンクし、〝鮫〟という字がアイコン的役割を果たしています。そこに作者の命名意図が明確に読み取れます。

　皆さんは〝鮫〟に対して、どのようなイメージをお持ちですか？

　多くの人は「人を食い殺す獰猛で危険な生き物」と認識しているはずです。となれば『新宿鮫』と名付けられたこの作品が、かなり苛烈で残虐なハードボイルドの小説ではないか、という印象を抱くのは当然の流れ。

　では仮に、主人公の刑事の名前が牛島さんだったらどうでしょう。『新宿牛』になってしまいます。いわずもがな、苛烈で残虐なハードボイルド小説というイメージは消えてしまいます。

> ●『名探偵コナン』に見る登場人物たちの名付けモチーフ
> ☑ 阿笠博士 → 姓は推理作家のアガサ・クリスティに由来
> ☑ 工藤新一 → 姓は『探偵物語』の主人公の工藤俊作、
> 　　　　　　　名は作家の星新一に由来
> ☑ 服部平次 → 姓は『探偵物語』の服部刑事、名は時代劇の銭形平次

〝鮫〟と〝牛〟ではまったくイメージが変わってしまう

◆ 老若男女問わずわかりやすいキャッチーな 作品タイトルで認知度を高める

大ヒットを続ける推理漫画・アニメ作品『名探偵コナン』(青山剛昌著)も同様。命名の妙が大成功を収めたパターンといえます。

大活躍する主人公の名前、江戸川コナンが推理小説家の江戸川乱歩と、シャーロック・ホームズシリーズの著者として知られるアーサー・コナン・ドイルに由来するのは有名な話。作中、偶然目にしたふたりの大作家の名前を組み合わせ、江戸川コナンと名乗ったことから誕生しました。さまざまな難事件を見事なまでに解決する主人公の名探偵ぶりを、知名度の高い偉大な推理小説家のイメージに掛け合わせた作者の意図は明解です。

これによって推理漫画というジャンルでの立ち位置を強くアピールすると同時に、老若男女問わずわかりやすいキャッチーな作品タイトルで認知度を高めることにも成功しました。

主人公の命名を作品タイトルと絡めてアイコン化する技法は、万人受けしやすいオーソドックスな正攻法です。それだけにイメージ戦略を成功させるモチーフ選び、名前の呼びやすさ、語感や文字面が与える印象とストーリー展開を高度に計算したうえで実践しなければなりません。

謎のキャラクターと
一風変わった名前の効果

名前には作中でその人物に〝どう生きてほしいか〟
という我が子への命名にも似た願望が表われます

◆ 小説ギミックとして一風変わった名前の
登場人物をキャスティングする

登場人物の名付けが突出してユニークかつ考え抜かれているのは、やはり
村上春樹作品をおいてほかにないでしょう。なかでも登場人物の名前が物語
のテーマと強く引き合う印象的な作品といえば、2013年に刊行された長編小
説『色彩を持たない多崎つくると、彼の巡礼の年』です。

この物語は高校時代の友人で構成された、主人公の多崎つくるを含む5人
グループを基軸として進みます。そしてタイトル通り、色彩を持たない名前
の多崎つくる以外の4人は、次のように色を含む名前を持っています。

赤松慶(あかまつ けい)こと「アカ」。青海悦夫(おうみ よしお)こと「アオ」。
白根柚木(しらね ゆずき)こと「シロ」。黒埜恵理(くろの えり)こと「クロ」。
さらに主要人物ではないものの、主人公の大学時代の数少ない友人もまた灰
田文紹(はいだ ふみあき)と、「グレー」の名を持っています。

ここでの詳しい内容説明は避けますが、小説ギミックとして一風変わった
名前の登場人物をキャスティングし、現実と異界の狭間に隠し扉を仕掛ける
のは、村上春樹ならではの特殊な手法として確立されています。

● **現実と異界をつなげる隠し扉の場所は村上作品によって違う**
☑『世界の終わりとハードボイルド・ワンダーランド』 → 都心の地下通路と穴
☑『ダンス・ダンス・ダンス』 → いるかホテルのエレベーターを降りたところ
☑『ねじまき鳥クロニクル』 → 塞がれた路地の先にある近所の空き家の空井戸

◆ 名付けがもたらす効果や可能性、読者の感じ方を知ることも大切

2017年刊行の『騎士団長殺し』では、主人公と深く関わる、免色渉（めんしき わたる）という謎の男性が登場し、重要な役割を担います。

村上春樹という作家は、よく一風変わった名の人物を登場させ、不可思議なストーリーテリングの水先案内人として物語を想定外の方向へと動かします。『1Q84』では青豆という暗殺者が、『ねじまき鳥クロニクル』では加納マルタとクレタの姉妹が、『羊をめぐる冒険』では鼠や羊男が現れ、現実と異界をつなぎます。どの作品も変わった名前の謎キャラクターが現れた瞬間から音もなく迷路へと入り込み、深淵へ主人公と読者をいざなうのです。

着目すべきは、不自然さやあざとさを感じる間もなくテーマとそれら謎キャラクターが親和し、最後まで読ませる力を生んでいる点。ある意味では、名付けのギミックが物語を牽引し、成立させている部分があります。

登場人物の命名とは作者の願望の表れです。**作中においてそのキャラクターに〝どう生きてほしいか〟という、我が子への命名にも似た想いで表現されるものです。**こういう視点で物語創作を捉え、名付けがもたらす効果や可能性、読者の感じ方を探求しながら執筆することも大切といえます。

変わった名前の謎キャラクターを登場させても世界観がしっかり描けていなければ読者は理解できない

主人公の名付けの技法①
（男性編）

漢字の持つ力や語感、語意を吟味し
視覚的な文字面のバランスを意識するようにしましょう

◇ 読書や映画鑑賞を通じて
一般受けするかという審美眼を日頃から育む

　ここから４ページにわたり主人公のファーストネームの名付け（日本人で漢字表記する前提）について、具体例とともに解説していきます。

　まず基本原則としては、漢字の持つ力や語感、語意を吟味することが大切です。そして多くの場合、２字以上で構成されるため、視覚的な文字面のバランスをも意識するようにしましょう。

　その際忘れてならないのは、読者視点で俯瞰することです。

　では、〝強い主人公〟に似合う漢字の例を挙げます。

勇	武	烈	克	健	隼	剛	豪	護	虎	威
勝	将	牙	拳	猛	隆	力	我	獅	鷹	毅

　上記の漢字を用いたファーストネームの命名例を列挙します。

亮牙（りょうが）　勇士郎（いさじろう）　烈史（たけし）　瑛隼（あきと）
蒼勇（あおい）　碧獅（あおし）　一剛（いちたか）　勝偉（かい）
蔵将（くらまさ）　亨将（きょうすけ）　健希（けんき）　隼伍（しゅんご）

　個人の感覚に委ねる部分が大きいのが名付けです。それでも読書や映画鑑賞を通じ、今の時代で一般受けするかという審美眼を日頃から育めば、絶妙な名前に辿り着くものです。

漢字の選び方ひとつで主人公の印象が
がらりと変わってしまうほど名付けは重要

　左ページの例を見ておわかりの通り、漢字というのは１字１字が独自の意味や語源を有します。よって漢字の選び方ひとつで物語に登場する主人公の印象がガラリと変わってしまうほど、名付けは重要な役割を担うことを覚えておきましょう。では、次は〝優しくてカッコいい主人公〟です。

| 雅 | 俊 | 優 | 泰 | 恵 | 佳 | 崇 | 颯 | 海 | 葵 | 安 |
| 藍 | 星 | 空 | 湊 | 都 | 波 | 翔 | 凛 | 朋 | 智 | 風 |

「この主人公を応援したい！」とひとりでも多くの読者が思ってくれる名前を付けることこそ、命名の使命といっても過言ではありません。

> 優汰（ゆうた）　陽斗（はると）　佳祐（けいすけ）　颯太（そうた）
>
> 凛（りん）　朋矢（ともや）　崇仁（ゆうと）　湊都（みなと）
>
> 海都（かいと）　星那（せな）　智樹（ともき）　翔二（しょうじ）

いかがですか？　なんとなくでもニュアンスを掴むことが上達の秘訣です。

さまざまな作品に登場する名前に注目して勉強すれば
書き手としての審美眼が育まれていく

なるほど

素敵な
名前だ

主人公の名付けの技法②（女性＆ジェンダーレス編）

**主人公キャラの性格や言動、心の機微など
多角的見地から役柄の特性にフィットする名前を吟味しましょう**

✦ 自立した女性を意識したり〝和〟へ原点回帰したりする名前が支持

　時代の流れもあって、ここ数年で女性の名前がかなり変わってきたように感じます。かわいい、美しい、キラキラ、という一面だけでなく、自立した女性を意識したり、〝和〟へ原点回帰したりする名前が支持される傾向にあります。そうした潮流は現実世界での赤ちゃんへの名付けはもちろん、創作においても反映されてきました。

　そのような観点も踏まえ、今風の名前に使えそうな漢字の例を挙げます。

沙	尭	誓	真	架	莉	奈	珠	耶	愛	舞
都	洸	玲	眞	希	彩	心	月	柚	凛	藍

　続いて、上記漢字を用いたファーストネームの命名例を列挙します。

凛々風（りりか）	明日架（あすか）	尭奈（あきな）	小都莉（ことり）
柚子希（ゆずき）	奈津希（なつき）	莉々瑚（りりこ）	真実耶（まみや）
早都希（さつき）	芽沙（めいさ）	藍冴（あいさ）	玲衣南（れいな）

　組み合わせは男性の名前より複雑で、3文字構成が多いのも特徴といえます。

　ただし注意点としては、ひとつの物語に、3文字構成で画数の多い漢字を用いた名前を多く登場させないことです。あくまで主人公か主要キャラに限定して命名しましょう。

つねに時代が変化するように、名前も変化を遂げていく

そうだった
のか

◆ ローマ字表記すれば海外でも そのまま通じる音感を意識する

　もうひとつの時代の流れは、ジェンダーレスへの加速です。創作においても、この時勢を無視するわけにはいきません。ここでは漢字2文字を組み合わせた名前をいくつか紹介します。

理央(りお)	礼音(れおん)	結都(ゆと)	比呂(ひろ)	紫音(しおん)
涼智(りち)	海音(かのん)	弓弦(ゆずる)	千隼(ちや)	一颯(いぶき)
眞湖(まこ)	眞大(まひろ)	羽海(うみ)	春陽(はる)	美青(みお)
月都(つきと)	永吏(えいり)	和音(おと)	碧生(あおは)	大良(たいら)

　これらジェンダーレスな名前の特徴は、ローマ字表記すれば海外でもそのまま通じる音感を意識している点です。

　つまりジェンダーレスであると同時に、ボーダーレスでもあるわけです。

　物語創作においては、主人公キャラの性格や言動、ゴールへ向かうためのアクション、心の機微といった多角的見地から、「強い」「優しい」「可憐」「ジェンダーレス」など、役柄の特性にフィットする名前を吟味しましょう。

主人公の名付けの技法と考察（ヒーロー編）PART I

揺るぎないモチーフと物語のテーマを関連づければ
読者は納得のうえでヒーローネームを受け入れます

◆ ヒーローの名付けには
じつにさまざまなアプローチが存在する

　古今東西、ヒーローと物語は切っても切れない関係にあります。

　そしてマーベル・コミックの『アベンジャーズ』がいまだ人気を博し、続々と映画化されてヒットを飛ばしているように、ヒーローものを支持するファンは世代を問わず、全世界に根強く存在します。

　本書をお読みの方のなかにも、ヒーローが登場する物語を構想し、どんなヒーローネームを付けるべきか考えている書き手さんもいるでしょう。

　ヒーローの名付けには、じつにさまざまなアプローチが存在します。

　ひとつは「レンジャー」を名前の最後に付けるスタイルです。英語の「ranger」とは特別な訓練を受けた兵士や特殊隊員のことを指します。昭和から「レンジャー」ものが確立され、大ブームとなりました。以降はヒーローキャラのスーツの色を名前に組み込んだスタイルが定番となっています。

　海外では「ミスター」「キャプテン」「ドクター」といった敬称を用いる手法が流行すると同時に、「マン」や「ウーマン」を付けるパターンが定着。日本を代表する『ウルトラマン』シリーズもこの系譜にあたります。

●『アベンジャーズ』の中核をなすヒーローBIG3とは？
① アイアンマン（トニー・スターク）
② マイティ・ソー（ソー）
③ キャプテン・アメリカ（スティーブ・ロジャース）

◇ 〝憧れ〟より〝共感〟が重視され ヒーローネームもまた変化している

　ヒーローの命名技法には、普遍的で絶対的モチーフから着想を得るパターンがあります。

　たとえば『鉄腕アトム』。主人公のアトムをはじめ、妹はウラン、ふたりの弟はコバルトとチータン、そして母親はリンと、父親以外の家族全員がギリシャ語の元素名由来の名前を持っています。

　揺るぎないモチーフと物語のテーマを関連づければ確固たる意味が生まれるため、読者は納得のうえでヒーローネームを受け入れるものです。

　そう考えれば、太陽系を含む銀河系に着目するのも一手でしょう。天体には無数の星や星座が存在し、88星座には『Andromeda』(アンドロメダ座)、『Orion』(オリオン座)、『Centaurus』(ケンタウルス座) のように、ラテン語の正式名称が付けられています。まだ誰も見出してない星や星座の名前からヒーロー像に合致するネーミングを探してみるのもありかもしれません。

　一方で、近年ヒーローの在り方が変わりつつあることに留意しましょう。ヒーロー像への〝憧れ〟より〝共感〟が重視されるようになってきました。

　当然、ヒーローネームもまた変化しています(次ページへ続きます)。

いつの時代もつねにヒーローは存在するが 少しずつ変化している現実を学ぼう

主人公の名付けの技法と考察（ヒーロー編）PART Ⅱ

普通人に近い主人公が必死にヒーローの看板を背負うのが
昨今のヒロイズム・スタンダードです

◆ 圧倒的な英雄より小さな正義の日常化を求める万人の心理が働いている

　完全無欠で無双のヒーローより、どこか弱みや人間くささのあるヒーローが支持されるのは、ヒロイズム（英雄主義）の多様性といっていいでしょう。その背景には、圧倒的強さの英雄を求めない代わりに、凡人でも勇気を奮って立ち上がれば悪を退治して大切な何かを守れる、という正義の日常化を求める万人の心理が働いています。さらには、ひとりでは無理でも仲間がいればできる、という連帯感や共有意識が強くなっていることも一因です。

　そうした潮流は、2010年の映画『キック・アス』、その続編『キック・アス／ジャスティス・フォーエバー』、さらには『キングスマン』シリーズが〝誰でも救世主になれる〟という新ヒーロー像を打ち立てたことで確立されました。

　必然的にヒーローの名前は、絶対強者を印象づけるものから、普通なそれへと変化します。 たとえば大人気漫画『ONE PIECE』（尾田栄一郎著）の主要キャラを見ても明らかです。主人公のルフィをはじめ、ゾロ、ナミ、ウソップ、サンジ、チョッパーと、超人アピールなど皆無です。しかも誰もが何がしかの弱みを持ち、人間くさくも憎めないキャラクター設定になっています。

● いい人キャラが売りのヒーローキャラBEST3（※著者判断）
① ハリウッド映画『キック・アス』の主人公：デイヴ・リズースキー
② 漫画・TVアニメ『呪術廻戦』の主人公：虎杖悠仁
③ ハリウッド映画『フリー・ガイ』の主人公：ガイ

ヒーローネームは親しみやすく大多数の共感を呼ぶものにすべき

　2021年、ついに完結を迎えた『エヴァンゲリオン』シリーズも同様。主人公の碇シンジは強さとは無縁のキャラクターです。仲間のアスカに叱咤激励され、綾波レイや葛城ミサトに励まされ、なんとか初号機に乗って戦います。

　社会現象を巻き起こした大ヒット作『鬼滅の刃』の主人公、竈門炭治郎も然りです。本来は「鬼と戦うなんて」と尻込みする、優しくて大人しい性格のキャラクターでした。それでも大切な人を守るために努力を重ね、悪者の鬼を退治するため凄絶な戦いに身を投じていきます。さらに、シンジも炭治郎もリーダーシップがゼロという共通点があります。

　そんな普通人に近い主人公が必死にヒーローの看板を背負うことこそ、昨今のヒロイズム・スタンダードです。圧倒的な特殊能力など持ち合わせず、身近で平凡なキャラクターだけど、いざとなれば仲間と一致団結して戦う。

　となれば当然、ヒーローネームは不屈の強靭さを全力アピールするのではなく、親しみやすい、大多数の共感を呼ぶものにすべきでしょう。

　『アベンジャーズ』は別格として、『ウルトラマン』や『仮面ライダー』のような絶対ヒーローものは、新鮮味が薄れているのかもしれません。

新ヒーロー像は強者でないほうがウケる

〝ウジウジ〟からの
辛くも勝利の構図

主人公のライバル的存在
敵役や悪役の名付けの技法

主人公と敵対する人物に凄みのある名前を付ければ
読者に強烈な負の印象を植えつけられます

✦ ネガティブワードをアレンジして
造語を生み出すのも一法

主人公のライバル的存在、敵役や悪役の命名について解説します。

まず、英語によるカタカナ名の付け方からです。当然ですが英語にもネガティブワードがあり、暴力、恐怖、犯罪、悪意に特化した負の単語を集めました。それらのなかでも語感と音感がクールなものを抜粋してあります。

---

sly（スライ）ずる賢い　vile（ヴァイル）卑劣な　quake（クエイク）慄く

dread（ドレッド）恐怖　slither（スリザー）滑る　vice（ヴァイス）悪行

fury（フューリー）憤怒　rage（レイジ）暴威　graze（グレイズ）擦りむく

活用技法としては単語をそのまま流用するより、たとえばsly（スライ）→slyer（スライヤー）、vile（ヴァイル）→vide（ヴァイド）というふうに、雰囲気で造語にすればオリジナリティある独自の名前を生み出せます。

このあたりはニュアンス重視で〝不穏な響き〟〝悪そうな感じ〟のワードを優先してみましょう。「デビル」「サタン」「デーモン」といった、誰もが知る悪の象徴を表す単語を造語アレンジしてみるのも一法です。

● 英語の『devil（デビル）』を別の言語に翻訳すると……

☑ ラテン語：diaboli（ディアボリ）

☑ ギリシャ語：δαιμονας（デーモナス）

☑ スペイン語：demonio（デモニオ）

◆ 下の名前ではなく 姓で表記するほうが冷たい印象に

鬼	怒	狐	愚	鬱	血	蛭	毒	痛	闇	魔	虜	蠅	蛾	忌	狂
死	霊	腫	孤	憤	絶	泥	詐	殺	辛	嫌	邪	九	飢	怨	竜
恨	汚	沼	葬	遺	過	苦	膿	独	凶	餓	毒	獨	挫	屍	敗
嫉	卑	屑	悲	不	負	腐	嘘	喪	失	害	切	畜	鮫	蛇	傷

上記の漢字を見てどう感じますか？　なんとなく不気味ですね。これらは想起される熟語や事象から、直感的に怖い印象を抱いてしまう漢字です。

では、囲み左上から順に、1字を用いた苗字を作ってみるとどうでしょう。「九鬼」「怒木」「狐鼻」「愚川」「破鬱」「血矢」「我蛭」「毒島」——どれも迫力ありますが、じつはすべて実在する姓です。敵役や悪役にこのような凄みのある名前を付ければ、登場シーンで読者に強烈な負の印象を植えつけられます。

P.96からの【主人公の名付けの技法】にて、漢字の選び方で印象がガラリと変わることを解説しました。その応用で敵役や悪役にふさわしい命名を実践してみてください。ただし、主人公と違って敵役や悪役の場合は下の名前ではなく、姓で表記するのがポイント。そのほうが冷たい印象になります。

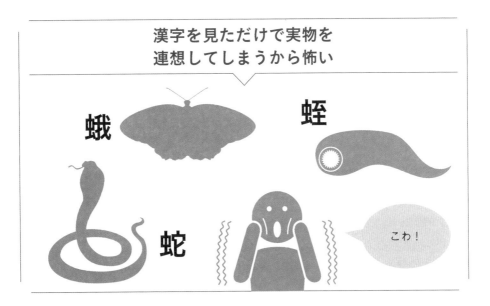

漢字を見ただけで実物を
連想してしまうから怖い

蛾

蛭

蛇

こわ！

キャラクターの特性も表せる あだ名の活用術

あだ名キャラは読者に親近感をもたらし
スムーズな感情移入を可能にする存在として重宝します

✦ 対人関係の潤滑油として コミュニケーションの壁を低くする

　P.32〜33で、ニックネームキャラをひとり作れば、人物造形に深みが出て、物語におけるいい薬味になると触れました。

　ここではさらに一歩踏み込んで、あだ名に関する名付け技法を解説します。

　さて、日常生活において、あだ名は対人関係の潤滑油です。他人との距離を縮め、短時間で親近感を育むことができます。

　あだ名を付ける手法はさまざまです。ポピュラーなのは名前を省略する方法でしょう。たとえば「竹下」→「タケ」、「渡辺」→「ナベちゃん」、「木村健太郎」→「キムケン」というふうに。一方で、語尾アレンジは若い世代に人気です。「有紀子」→「ゆきぽん」、「聡美」→「さとみん」、「友里香」→「ゆーたん」などです。名前の前半部分を二度繰り返す方法もあります。「信也」→「しんしん」、「真由実」→「まゆまゆ」といった感じです。

　小説においても、冒頭で一度本名を表記したうえで、以降はほかの登場人物にあだ名で呼ばせる技法があります。**日常生活と同じで、あだ名キャラは読者に親近感をもたらし、スムーズな感情移入を促す小技として重宝します。**

> ●まだまだある！　名前を変えるあだ名の手法
> ☑ 語尾を『ピー』に変える：「山村」→「やまピー」、「博美」→「ひろピー」
> ☑ 促音の『っ』を入れる　：「脇元」→「わっきー」、「幸恵」→「ゆっきー」
> ☑ 昭和業界風に逆さまにする：「由良」→「らーゆ」、「根木」→「ぎーね」

悪意に満ちたあだ名は人を傷つけるので
執筆で名付ける際にも細心の注意を払おう

◆ 綿密なプロットと奥行きある人物造形で ミスリードのフラグとして利用できる

　あだ名は書き手の力量をいかんなく発揮する飛び道具としても活用できます。

　まず、登場人物の性格や持ち味をずばり突いたあだ名を付ければ、物語上でその役柄を存分にアピールできます。印象操作が可能となり、意のままに動かしやすくなるというメリットも生まれます。さらには、あだ名で人物像を脚色しているため、余分な説明が省けます。そのためにはキャラクターの特性をひと言で端的に表した、〝言い得て妙〟で共感される命名を心掛けましょう。

　そして何より大切なのは、ミスリードのフラグとして利用できる点です。

　たとえば刑事ものミステリーで、「ホトケの良さん」という熟年の刑事が捜査一課の脇役として登場するとします。神がかりな優しい尋問で、どんな凶悪犯をも一瞬で落とす「ホトケの良さん」は序盤から捜査一課を支えます。優秀だけど鼻っ柱の強い主人公の若手刑事も彼にだけは心を開きます。

　しかし終盤で「ホトケの良さん」こそ、天才的な口説きテクを駆使して腐敗した警察組織の中枢に君臨する黒幕だった——というふうに、**あだ名による印象操作で〝まさか〟のどんでん返しを演出できるのです。**

　綿密なプロットと奥行きある人物造形に、ぜひ取り入れてみてください。

歴代の名作や過去作品に学ぶ 名付け作法

印象深い主人公の命名と作品タイトルを名付ける作法は
引き出しの多い一流作家だからこその絶妙なテクニックです

◆ 頭のなかでおぼろげにイメージしていた アイデアが息づいていたからこそ生まれる

　まっさらで白紙の状態から主人公と作品を立ち上がらせる創作手法がある一方、何がしか自分の頭に引っかかっているイメージなり記憶を形にして物語を象（かたど）る手法も存在します。

　有名どころではTVドラマシリーズで人気を博した『古畑任三郎』（三谷幸喜作）があります。名付けの由来を作者は次のように語ったといいます。

「明智小五郎、金田一耕助など、日本の名探偵はカッコいい苗字に野暮ったい名前の組み合わせだと気づきました。ちょうどそのときTVを観ていると、タモリさんが俳優の時任三郎（ときとうさぶろう）さんを『ときにんさぶろう』と呼んだのを耳にし、任三郎という下の名前が決まりました。苗字については、タクシーに乗って国道を走っていると、たまたま道路沿いに『古畑病院』の看板を目にし、これだ！　と閃きました」

　冗談みたいな驚きのエピソードですが、いずれにせよ頭のなかでおぼろげにイメージしていたアイデアが息づいていたらこそ、点と点が結びつき、あの名作ドラマの名刑事キャラが生まれたのでしょう。

● 小説で有名な日本三大探偵とは？（※著者判断）
① 『怪人二十面相』（江戸川乱歩著）などに登場する「明智小五郎」
② 『八つ墓村』（横溝正史著）などに登場する「金田一耕助」
③ 『刺青殺人事件』（高木彬光著）などに登場する「神津恭介」

『世之介』とは井原西鶴のデビュー作『好色一代男』の主人公の名前

　映画化され、続編も刊行された人気長編小説『横道世之介』（吉田修一著）の主人公兼タイトルの由来も見逃せません。作者曰く「まず世之介の名前が決定し、『苗字は韻を踏んだほうがいい』という助言を踏まえ、郷里の長崎で横着者を指す『横道もの』という言葉と、横道に逸れるというニュアンスを意識して決めました」とのこと。

　面白いのは、下の名前の『世之介』に関してです。作中では、父親に教わった命名の意図を主人公から聞いた国語教師が、『世之介』という名について語ります。『世之介』とは、井原西鶴のデビュー作『好色一代男』の主人公の名前。享楽的な京都の大金持ちと名妓の間に生まれた主人公『世之介』は7歳から女性を知り、諸国をめぐりながら浮世の好色の限りを尽くすという、自由奔放に生きた男です。世の掟や権威にはまらないポジティブな生き方は、まさに『横道世之介』の主人公の生き写しでもあります。

　このように過去作品から何らかの着想を得て、印象深い主人公の名前と作品タイトルを名付ける手法は、引き出しの多い一流作家だからこそ成功につなげられる絶妙なテクニックです。ぜひ心に留めておきましょう。

日頃から意識していれば何をやっても創作の閃きにつながる

その他の登場人物の
命名のポイントと技法

担う役割や主人公との関わり方まで考慮した名前を与えれば
もっとも重要な「読者の感情移入」を促す効果をもたらします

◆ 読者目線を意識した命名を順守し
リーダビリティの向上を目指す

　これまでさまざまな角度から名付けに関する法則や注意点、ヒントやタブーについて解説してきました。4章ではほぼ主人公の名付けに特化したため、ここで〝その他の登場人物の命名のポイント〟について触れておきます。

　とはいえ、大切なポイントは各所で触れているので、復習も兼ねて要点だけを簡潔にまとめます。まずは、基本的な命名の5カ条です。

> 1、名前自体でアイデンティティの差別化が図れるよう配慮する
> 2、馴染みにくいマニアックな名前（ダジャレもNG）は付けない
> 3、有名人の名前は周知でイメージが傾きやすいため多用を避ける
> 4、『山本』『山口』や『森川』『小森』など、同じ漢字の重複を避ける
> 5、物語が娯楽である以上、名付けにもエンタメ要素を盛り込む

　主人公と敵役はともかく、登場回数がグッと減る脇役への読者の印象は必然的に薄くなってしまいがち。だからこそ上記の5カ条を意識して、読者目線を意識した命名を順守し、リーダビリティの向上を目指しましょう。

> ● さらに覚えておくと便利な3つの名付けポイント
> ① 苗字の漢字は、3文字、2文字、1文字とバリエーションを多彩に
> ② 下の名前がひらがなやカタカナの登場人物を造形するものおすすめ
> ③ あだ名キャラや略語キャラは有効だが、ひとつの物語でふたり以内に

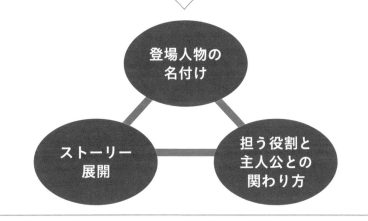

3つのファクターが密接に
関係していることを理解しよう

- 登場人物の名付け
- ストーリー展開
- 担う役割と主人公との関わり方

✦ 仮の名前で第1稿を書き上げ 最終稿までに全員の名前を変えて仕上げる

続いて、キャラクター造形を考慮した命名に関する5カ条です。

1、どんなキャラクターか、役割、立場、性格まで計算して名付ける
2、特徴的な文字面を持つ名前にすればキャラクターを書き分けやすい
3、配役ポジションや結末を明示する、わかりやすすぎる名前は読む気を奪う
4、あだ名キャラは個性際立つキャッチーな人物として愛されやすくなる
5、名をカタカナに変えるだけで印象が変わり、人物造形にひと役買う

文字面や語感、読みの印象のみならず、物語上でその登場人物が担う役割や主人公との関わり方まで考慮した名前を与えれば、読者のなかで人物イメージが固まりやすく、ストーリーの内容理解がはかどります。

つまり、もっとも重要な「読者の感情移入」を促す効果をもたらします。

プロの作家がよくやる名付け技法は、とりあえずプロット通りの仮の名前で第1稿を書き上げることです。そして第2稿以降、しっくりくる名前を模索しながら推敲を重ね、登場人物一人ひとりに名を当てはめ、最終稿までに全員の名前を仕上げるというもの。ぜひトライしてみましょう。

あえて主役級の登場人物に名前を付けない技法

〝名無し〟にするメリットのひとつは
読者との距離感を縮めて共感度を高める、シンクロ率の向上です

◆ 1人称で展開すれば命名せずとも物語を成立させることが可能に

　物語に登場する主要な人物であろうと、必ずしも名前を付ける必要はありません。むしろ、名前がないことでストーリーにオリジナリティと独自の世界観をもたらす場合があります。

　では、どのようにして名前のない物語を成立させるのかというと、いわずもがなかもしれません。

　そうです。**1人称で展開すれば、視点の持ち主である主役に命名せずとも、物語を成立させることが可能となります。**

　「僕」「私」「俺」「自分」——自身をそのように語りながら、ストーリーの中心軸として動くため、終始名前を必要としません。

　1点だけ留意すべきは、第三者とのやりとりで、名前を呼ばれるシーンを作らないこと。これは会話の流れに気を配っていれば回避できるので、全体の展開に大きな支障をきたさないでしょう。

　主人公を1人称の〝名無し〟にするメリットのひとつは、読者との距離感を縮めて共感度を高める、いわばシンクロ率の向上です。

● 1人称で読者を魅了するテクニック
☑ 会話を積極的に取り入れて、主人公と他者との関係性を克明に描く
☑ 主人公の外見は自ら語りにくいため、他者にいわせる状況を作る
☑ 書き手は文章に熱が入りすぎないよう、つねに俯瞰して客観的に書く

物語のテーマに奥行きを与え
深みや余韻のあるメッセージを作中に

　３人称で物語を展開すれば、必ず主人公の名前が必要です。設定によってはニックネームか謎の呼称でも通用しますが、それでも何がしかの呼び名がなければストーリーが前へと進みません。１人称であればそういう煩わしさを払拭できます。そして前述の通り、読者と書き手の気持ちを一体化させる、シンクロ率の向上を叶えます。理由は、名前というフィルターが存在しないことで、物語上の「私」を読者が自身に置き換えやすくなるからです。

　また、〝名無し〟にするのは主人公以外でも、「彼」あるいは「彼女」「あの人」というように、ほかの登場人物でも設定可能です。

　名前のない主要人物をきちんと描き通せば、物語のテーマに奥行きを与え、深みや余韻のあるメッセージを作中にちりばめることができます。

　ただし、１人称で書くにはいくつか注意すべきポイントがあります。

　まず、ひとり視点の物語展開なので、ストーリーをぐいぐい牽引する筆力が求められます。また、主人公の行動範囲を広げてメリハリある山場を作りつつ、心の機微を入念に描かなければ、結末まで読者を惹きつけられません。

　書き手としての総合的な技巧が試される試金石となるでしょう。

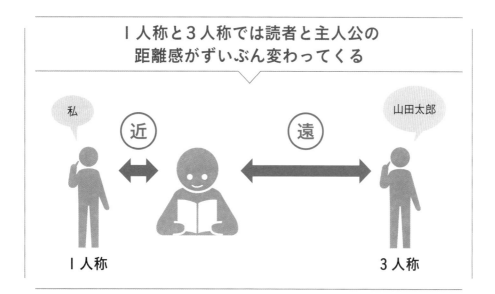

**１人称と３人称では読者と主人公の
距離感がずいぶん変わってくる**

命名に反映させるべきは登場人物の年齢設定

年齢は一見すると気づきにくい差別化ポイントですが
クリエイターとしての知見に大きな差が開くでしょう

✦ いつの時代でも命名から 世代の違いが透けて見えるもの

　P.22〜23で、名前は時代性が浮き彫りになると書きました。

　ここでは名前と時代性の関係について、一歩踏み込んだお話をします。

　近年、ことファーストネームに関しては、十数年単位で流行り廃りがうかがえます。国民的人気を博すタレントや俳優が出てきたりすると、あっという間にそれらを模した名前が赤ちゃんに付けられるのは世のつねです。

　とはいえ、いつの時代でも命名から世代の違いが透けて見えるもの。時代考証をさりげなく物語創作に反映するのは、いわば書き手の良心です。

　さらにいえば、それくらいの配慮ができないと、読者の心を鷲掴みにするストーリーは生み出せないでしょう。

　もっともわかりやすい例をひとつ挙げるなら、『サザエさん』（長谷川町子著）の主要キャラクターが揃う磯野家です。昭和の作品ではありますが、作者の配慮と工夫が親子の名前に表れていることにお気づきでしょうか。家族全員に海に関連した名前が付けられていながらも、明らかに時代性を鑑みた命名がなされているのです。

● **年齢設定と命名の関係性に強くなるためにすべきこと**

☑ 昭和の名作といわれる小説・映画・漫画を積極的に鑑賞する

☑ 登場人物の世代が幅広い物語を選び、時代の空気を読み取る

☑ 少なくとも明治・大正・昭和・平成で流行った名前を把握する

同じ作品を鑑賞しても、
本人の意識次第で得るものが違ってくる

ボーッ

なるほど
なるほど

◆ 登場人物の年齢設定と名付けを
　照らし合わせながら作品を鑑賞する

　磯野家の家長は「波平」、妻は「フネ」。そして長女が「サザエ」、長男「カツ
オ」、次女「ワカメ」です。あまりに著名な漫画であるためスルーされがちで
すが、親子世代の命名の差別化に昭和ならではの〝いい味〟が醸し出ていま
す。そればかりか冗談みたいな名前なのに、各キャラクターの性格や特徴に
合致している点も、見事としかいいようがありません。

　大ヒット作『永遠の0』（百田尚樹著）でも、登場人物の年齢設定に応じて
正確に書き分けられています。物語は太平洋戦争末期の1945年と、現代の
2004年とを行ったり来たりします。本当の祖父を探す現代の主人公「佐伯健
太郎」は作中の2004年現在は26歳という設定で、彼の姉「慶子」は4歳上です。

　一方、戦時中の主人公であり、健太郎と慶子の実の祖父の名前は「宮部久
蔵」。祖母は「松乃」。さらに戦中の海軍関係者のファーストネームは「梅男」
「寛次」「源次郎」と、60年前の祖父世代の時代感を表しています。

　一見すると気づきにくいこれら命名の差別化ですが、登場人物の年齢設定
を照らし合わせながら作品を鑑賞するのとしないのとでは、クリエイターと
しての知見に大きな差が開くでしょう。

キャラ名をひと目で把握できる リストを作成する

人物名を書き出して吟味し、修正を重ねることで
物語の根幹が徐々に出来上がっていきます

◆ 実務的な創作プロセスで重要となる 登場人物リスト

　4章では名付けに関する実践的な技法について、さまざまな角度から解説してきました。章の最後にあたり、実務的な創作プロセスの一端をご紹介します。それは登場人物リストの作成です。これがなければ話になりません。
　説明するよりも、まずはその例をご覧いただいたほうが早いでしょう。

■ 門倉 明莉(16歳)カドクラ アカリ　高校1年生の主人公
中学時代はいじめられっ子で、高校進学に合わせて引っ越す。
母親・由香里は幼い頃に不慮の事故で他界したという。

■ 門倉 龍也(38歳)カドクラ タツヤ
明莉の父親。元刑事。4年前の同僚刑事の射殺事件以来、容疑者となり行方不明。
生真面目でまっすぐな性格。武術、格闘技の達人。

■ 波根 景子(29歳)ハネ ケイコ
由香里の2歳下の妹。バツイチ。明莉の保護者代わり。気っ風がいい男前な女性。
龍也のことを信じている。

■ 澤村 漣(24歳)サワムラ レン
特殊詐欺組織、ルードのボス。
インテリの野心家で異様なIQを誇るも、深い孤独を抱える。

■ 茶楚 賢太郎(24歳)チャソ ケンタロウ
漣の相棒。高校時代からの親友。
ITに知悉したクラッカーでありプログラマー。ルードを漣と一緒に作った創始者。

■ 李 凛風(33歳)リー リンファ
刑事時代の龍也に助けられた、黒社会の凄腕の女性殺し屋。
陰ながら明莉を見守っている。マーシャールアーツの使い手。

書きはじめることを躊躇せずに継続し
齟齬や矛盾は随時修正する癖をつける

登場人物リストは物語創作の根幹となる非常に重要なものです。

まずは主人公をはじめとする主要キャラから書いていきましょう。

ご覧の通り、漢字名、年齢、カタカナ読みを並べて、その下に設定条件や特記事項を列挙していきます。最初は1、2行で構いませんが、だんだん設定内容を細かくブレイクダウンし、ひとりにつき10行前後でまとめるよう意識することです。このようにして文字化してまとめると、各キャラクターの名前に被っている漢字はないか、読みや音感のバリエーションは問題ないか、といった頭でイメージしている段階ではわからない全体像を確認できます。

長編小説の場合、もちろんジャンルにもよりますが、20人くらい書けば物語を成立させるに十分な人数となります。

大切なのは、とにかく書きはじめることを躊躇しないこと。そして1日ひとりずつでもいいので、継続して登場人物を増やし、そのキャラクターが加わることによって生まれる齟齬や矛盾は随時修正する癖をつけてください。

地味ですが、こういった反復作業こそが執筆の礎であり、創作におけるメンタル面を強化する第一歩にもつながります。

登場人物リストはプロの作家になっても
担当編集者に見せる最初の書類のひとつ

本当に面白ければいいけど……

今度は絶対に面白いと思います！

編集者はひと目見れば面白いかどうかわかる

作者はこの段階で何度もボツになりながらも必死に何十回も書き直す

人物相関図を作ると
想定外の関係性に気づく

◆◆◆ **新たな感情構図や想定外の関係性を生み
物語に深みとひねりを加える** ◆◆◆

　前ページにて登場人物リストの解説をしましたが、それと合わせて人物相関図を作ってみることをおすすめします。

　以下のように各々のつながりをビジュアル化していけば、基本的な人間関係を齟齬なく構築できるうえ、新たな感情構図や敵味方の想定外の関係性に気づき、物語に深みとひねりを加えることが可能となります。

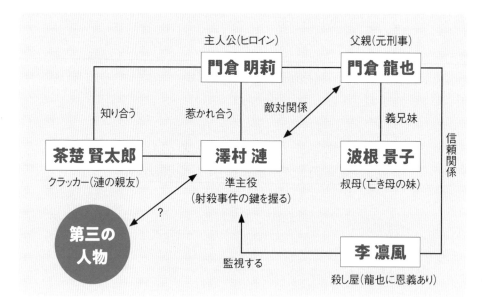

　また、文章だけのリストとは違った図式でキャラクターを配置するメリットとして、無関係だった両者のつながりや、新たな役割を担う登場人物の必要性に気づくなど、別視点での意外な気づきがあるものです。

　プロの作家の多くが実践する人物相関図、ぜひトライしてみましょう。

5章

実践編②

世界観の設定に必要な名付けの技法

作品内には人物名だけでなく、地名や店名など物語の設定におけるさまざまな名前が登場します。本章ではそれらを描写するときに気をつけたいポイントを紹介します。

実際にある町や駅を登場させるときの注意点

**具体的な場所が特定されないよう表記してあるのは
書き手の配慮と良心ゆえなのです**

✦ 実在する場所を具体的に登場させれば物語にリアリティを与えられるが……

　小説やアニメをはじめとする物語の舞台設定は、大きく2つに分かれます。ひとつは実在する具体的な地名を明らかにして展開するパターン。

　たとえば、東京都港区南青山のカフェで働く女性と客のラブストーリーであったり、神奈川県茅ヶ崎市の海辺の家に住む孤独な男性が主人公の人間ドラマであったり——ストーリー自体は想像上のフィクションでも、書き手がイメージする場所を具体的に登場させ、さもそこでキャラクターたちが息づいているように描きます。

　この手法のメリットは、物語にリアリティを与えられる点に尽きます。

　実際その地に存在する駅やカフェ、ビーチ、ビル、公園といった風景のなかで人物を動かすため、地の利のある読者に大いなる共感をもたらします。いわゆる〝聖地〟めぐりに発展するのはこのパターンならではです。

　現地に赴き、取材して詳細情報を収集すれば、より緻密な描写が可能となります。あるいはもともとその土地に詳しいのなら、労少なくして舞台の隅々まで描き切れるでしょう。ただし、いいことばかりではありません。

● 舞台となる場所を具体的に書かないことのメリットは？

☑ ストーリーがどんな展開になろうと物理的な迷惑がかからない

☑ 物語に合わせた特性で自在に表現でき、極端な制約がない

☑ 事実関係や整合性が不要（とはいえ明らかな作者都合の描写はNG）

どんなストーリーになるのか よく吟味して精査する必要がある

たとえばあなたがサイコパスによる凄惨な猟奇殺人事件を書くとします。その舞台が実在する町で、そこにある公園や河川敷で人が殺されたり死体が埋められたりすれば、近隣に住む人々はどう思うでしょう？

それがたとえフィクションストーリーであっても、けっしていい気持ちにはなりません。そればかりか「でたらめなこと書きやがって！」「住み慣れた町を侮辱してる！」など、不快感から怒る方もいるはず。ネットで異議を唱えられて、炎上に発展するケースも絶対にないとはいい切れません。

ましてや昨今はコンプライアンス重視の世の中……。

実際に存在する地名を舞台とすることは、読者にリアリティを与えられるだけに、その場所で負の展開が起きれば、少なくない人に迷惑を及ぼすリスクが内在します。 ミステリー小説などで「P県」「X市」というふうに、具体的な場所が特定されないよう伏せ字のアルファベットで表記してあるのは、書き手の配慮と良心ゆえなのです。

もしどうしても舞台にしたい特定のエリアがあるのなら、どんなストーリーにするのか、よく吟味して精査する必要があります。

実在する町を舞台にして起きてはならない負の展開

大量殺戮　　　　殺人事件　　　　町が燃える

実際の民間組織名・団体名を 登場させるときの注意点

たとえ一度しか登場しない名前であっても安易に決めず、
〝ふさわしい〟名称を見つけるまでこだわり抜きましょう

✦ うっかり不名誉な記述をしてしまえば 名誉毀損になることも

前ページで、実際に存在する地名を舞台とするときのメリットとデメリットに触れました。少なくない人に迷惑を及ぼすリスクについても。

物語を書いていて、地名と同様に避けては通れない対象のひとつに、民間組織名や団体名があります。主人公が会社員なら勤務している会社名は必須ですし、高校生なら通学する高校名を明記しないわけにはいかないでしょう。

そればかりか創作ジャンルによっては、カルト宗教団体や暴力団、半グレ集団といった反社会的勢力を登場させるケースがあるかもしれません。これらを扱う際は、実在する町や駅を描写するときより、さらに細かな配慮が必要となります。

ここで断じておきますが、**フィクションストーリーの場合、実際の民間組織名・団体名と被らないよう徹底すること**。うっかり不名誉なことを書いてしまえば名誉毀損になりますし、係争に発展するケースもあるからです。

よって執筆前は、該当するそれらがないか、誤解を招きかねない類似的表記がないかも確認し、入念なチェックを重ねてください。

● **物語に登場する可能性が高い民間組織名・団体名**

☑ 企業名(会社名、法人名)

☑ 学校名(小・中・高、大学)

☑ 反社会的勢力(暴力団、半グレ・特殊詐欺集団)

物語に対する読者と書き手のイメージの合致が重要

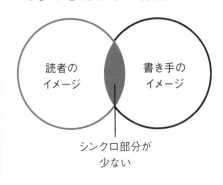

あまり感動しない作品の場合

読者の
イメージ

書き手の
イメージ

シンクロ部分が
少ない

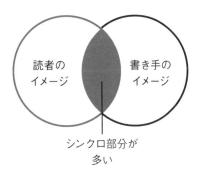

とても感動する作品の場合

読者の
イメージ

書き手の
イメージ

シンクロ部分が
多い

◈ 読者の求めるストーリーにシンクロし いかに共感してもらえるかが決め手に

　そもそも読者が求めるのは、新しく斬新な世界観であって、物語に登場する固有名詞に特別な何かを期待するわけではありません。その点に留意しつつも、民間組織名・団体名を扱う心構えを持つことが大切です。

　架空の会社名や学校名でも、これまで登場人物の命名で解説したように〝ふさわしい〟名付けを心掛けてください。たとえば清楚で可憐なヒロインが通う女子校が『西権田原女子高等学校』ならどうですか？　「なんだかイメージと違うなあ」と感じる方がいるはずです。それよりも『聖ロレーヌ女子学院』のほうがイメージに〝ふさわしい〟と思うでしょう。

　つまるところ、創作とはイメージがすべてです。

　主役キャラしかり、悪役キャラしかり、すべての登場人物しかり、あらゆるものは書き手によって生み出される架空の産物です。そして読者の求めるストーリーにそれらがシンクロし、いかに共感してもらえるか——そのポイントをクリアしてこそ感動を生む作品となります。

　たとえ一度しか登場しない民間組織名・団体名であろうとも、〝ふさわしい〟名称を見つけるまで、書き手としてこだわり抜いてください。

ファッションやアクセサリー——
ブランド名を使うときの注意点

有名な社名や商品名は、たとえ伏せ字を使おうとも
文面から特定できてしまいます

✧ 各キャラの価値観や金銭感覚までをも
浮き彫りにする小道具に

現実社会が舞台の物語を書くとき、何気ない日常シーンの描写は構成上欠かせません。食事、電車移動、オフィスワーク、スマホでの会話、恋人とのデート——暮らしの数瞬を切り取って人と人とのやりとりが交わされ、ストーリーが動いていきます。

そして、登場人物それぞれに固有の名前があるように、各々には異なる外見や特徴が付与されます。顔つきや髪型、話し方、体格はもちろん、全キャラクターの多様な個性を書き分けてこそ魅力的なストーリーが成立します。

個性という見地では、ファッションもまた各自のキャラクターを際立たせる一要素であり、価値観や金銭感覚までをも浮き彫りにする小道具となります。

ならば当然、身に纏う服や腕時計、ピアス、ネックレス、靴、バッグ、サングラス、帽子にまで筆が及ぶこともあるでしょうし、それらファッションアイテムとアクセサリーに言及すべき場面に出くわすことも考えられます。

では、ファッションやアクセサリーなどのブランド名の記述をどうするか？ ひとえにこれは書き手のセンスと判断に委ねられる範疇といえます。

● あえてブランド名を作中に記述する三大メリット

① 有名ブランドを愛好するキャラクター像なら読者はイメージしやすくなる

② ブランドに関する表現が優れていれば共感を覚える読者を味方にできる

③ 流行最先端ブランドをフィーチャーすれば書き手のセンスが高評価される

物語としては成功したものの
作品が台無しになってしまう事態も

　一般的な前提を先に述べるなら、フィクションと銘打つ物語である限り、ブランドの侵害や名誉毀損、営業妨害にならなければ、固有の名称を使っても著作権侵害などの法的な問題は発生しません。

　ただし、「問題がなくはない」という一定の理解を書き手は備えましょう。

　ひとつの問題は〝劣化〟です。**ファッションやアクセサリーのブランドは流行り廃りが激しく、時代遅れとなってしまう可能性があります。**物語としては普遍的なテーマやメッセージを表現することに成功し、ロングセラーとなったのに、「登場するブランド名が古くさくて興ざめ。作者のセンスを疑ってしまう」などとネットに書かれては、せっかくの作品が台無しになってしまいます。さらには作品がヒットしたタイミングを見計らったかのように、法的根拠の薄い苦情をブランド側からぶつけられるリスクも無きにしも非ずです。水を差されたみたいで、いい気はしません。

　ならば、シ○ネルとか、グ○チにすれば、と考える方もいるでしょうが、周知の社名や商品名であれば伏せ字を使おうとも、文面から特定できれば無意味です。こういった背景を理解すれば——あとはもう、いわずもがなですね。

ブランド大好きキャラなら人物像をイメージしやすい

あーわかる、わかる

商品名やサービス名を登場させるときの注意点

「魔女」「賢者」「貴族」「皇帝」「騎士」——
これらの単語もじつはすべて企業の登録商標です

✧ 〝積極的に書かないほうがいい〟という不文律がある

では、一流ブランド名ではなく、日頃から接する身の回りの商品名やサービス名について、作中でどう扱うべきか？

前ページに関連する流れで話を続けましょう。

物書きとしてのみならず、常識的に理解しておきたい記述に、一般名称と登録商標の違いがあります。

私たちの身の回りには、それらの名称の差異が明確になることなく混在、浸透しています。たとえば「サランラップ」は旭化成の、「ジップロック」は旭化成ホームプロダクツの登録商標です。一般名称は「サランラップ」→「ラップ」、「ジップロック」→「ストックバッグ」となります。

そもそも登録商標を小説などの創作上で用いても（意図的な誹謗中傷をしない限り）、商標権侵害にはあたりません。ただ私の経験上、書いた小説原稿を校閲さんがチェックされると、登録商標の単語については赤が入ります。

もちろん出版社や編集部の方針にもよりますが、基本的なスタンスとして〝積極的には書かないほうがいい〟という不文律があるのです。

●一般名称かと思いきや、じつは登録商標だったBEST3（※著者判断）
①「QRコード」→ 一般名称は「二次元コード」
②「ウォシュレット」→ 一般名称は「温水洗浄便座」
③「チャッカマン」→ 一般名称は「点火ライター」

企業の登録商標になっている意外な単語はまだまだある

侍　　　　　　　将軍　　　　　　　忍者

◆ クリエイターとして一般名称と
登録商標の分別はつくようにすべき

　なぜかといえば、一般名称と登録商標が混在する物語は見苦しいからでしょう。まがりなりにも文章のプロとして創作に関わっているなら、それくらいの分別がつかないのは不勉強だ、と自分でも思います。

　そう書きつつも、つい最近間違えたのが「宅急便」と「宅配便」です。

　冷静に考えれば「宅急便」はヤマトホールディングスの登録商標で、「宅配便」は荷物を各戸へ配送する輸送便を指す総称だと判別できるのですが、そのときは物語の執筆に集中するあまり、思い違いをしていました。

　言い訳になるのですが、ジブリ映画『魔女の宅急便』が頭のなかをぐるぐる回っていたこともあります。そちらが一般名称だと思い込んでいたのです。

　10年ほど前の話ですが、伊藤ハムが「女子高生」の入った言葉を登録商標していたことがネットでバズりました。〝食品メーカーがいったい何の目的で？〟と話題になったものの、この手の話は枚挙にいとまがありません。**「魔女」「賢者」「貴族」「皇帝」「騎士」——これらの単語もじつはすべて企業の登録商標です（一般名称として使う分には制約はありません）**。これらの記述をNGとしてしまえば、ファンタジーものが書けなくなります。難しいところです。

実際の店名を登場させるときの注意点

実在する店名を登場させると読者は親近感を
抱きますが、時間とともに劣化する危険があります

10年後も同じ所在地で存続しているかは誰にもわからない

現代の日常を舞台にした物語では必ずといっていいほど、お店でのシーンを描写する必要に迫られます。

カフェ、レストラン、居酒屋、バー、コンビニ、スーパーマーケット、アパレルショップ、古着屋などなど。それらが主人公の行きつけの常連店であるなら、店名もまた必要となるでしょう。

ひとつには実在する既存店を登場させる方法があります。

老舗店、一流店、流行店、チェーン店、人気店――お店のタイプはさまざまですが、実際に存在するお店でそれなりに知名度が高ければ、読者の興味を喚起して、「あのお店のことだ」と親近感を抱いてもらえる場合があります。

とはいえ、P.125のファッションやアクセサリーのブランドで触れたように、流行り廃りがあるため、〝劣化〟問題は無視できません。

万が一、お店を閉めてしまう可能性もあるわけです。ましてや時間と人の流れが激しい大都会では、10年後も同じ所在地で存続しているかは誰にもわかりません。

● 店名にはジャンル別で汎用性の高いネーミングを参考にしよう

- ✓ ラーメン屋：○○亭／麺屋○○／○○軒／○○屋
- ✓ 寿司屋：○○鮨／すし○○／○○寿司／海鮮○○
- ✓ イタリア料理店：リストランテ○○／トラットリア○○

❖ それなりに重要な場所として扱われるなら しっかり取材してリアリティを演出すべき

お店も物語における世界観構築の一環と捉えるなら、フィクションとして作者が創り上げたほうが無難であるうえ、なにかと都合よく展開できます。

そこで働く店員やマスター、料理長、オーナーといった、人材配置も思いのままです。とはいうものの、そのお店がストーリー上でそれなりに重要な場所として扱われるなら、しっかり取材してリアリティを演出すべきです。

以前、こぢんまりした町中華店のひとり娘の物語を書いたとき、彼女の父親がオーナー兼料理人という設定で、たびたび調理シーンや料理が登場しました。もちろんイメージに合うお店を自分で探して足繁く通い、店内の雰囲気や匂いや盛りつけや味をじっくり取材したうえで執筆に挑んだのはいうまでもありません。店名については、町中華にありそうな『○○飯店』とし、ネット上で検索した限りでは実在しないことを確認しました。

飲食店の場合、メニューを研究して料理名と味の特徴がきちんと書けるくらい、知見と臨場感を追求しなければ読者を惹きつけられません。料理がテーマの「おいしい」系は依然人気ですし、飲食シーンは映画やアニメでも頻繁に登場します。自分でお店を1軒持つくらいの感覚で取り組みましょう。

物語にお店を登場させるなら
店名から立地、店構えまで空想上で創り上げよう

アイドルや俳優など実際の芸能人を使用するのはNG

**読者の興味と関心は、実在のアイドルが登場するストーリーではなく
どのように斬新な物語が描かれているかに尽きます**

芸能人の名前や肖像を無断で使用すると〝パブリシティ権の侵害〟にあたる

　アイドル、俳優、アーティスト——芸能人の名前を使って物語に登場させることは、原則ご法度だとお考えください。これは暗黙のルールです。

　厳密には所属事務所と本人の承諾を得るなど、正規の手続きを踏めば問題ありませんが、そうでなければ無許可で描写すべきではありません。芸能人の名前や肖像（顔や姿などを描いた絵や映像、画像などを含みます）を無断で使用すると、〝パブリシティ権の侵害〟にあたるからです。

　むろん、アマチュア作家による公の場に出ない個人的な作品であれば、書いたからといって即座に大問題となるわけではありません。

　怖いのはネットです。

　仮に作品を目にした人が、作中に登場する芸能人の熱烈なファンであれば、非難のコメントを書かれて拡散されてしまうケースもあるでしょう。巡り巡って事務所の耳に入るようなことになれば、パブリシティ権の侵害や名誉毀損といった問題に発展し、想定外の事態が待ち構えることとなります。

　芸能人の記述はそのような認識で、ルールを順守するようにしましょう。

● 架空のアイドルや芸能人がテーマとなった小説はほかにもある
☑『トラペジウム』高山一実著（乃木坂46の元メンバー）
☑『最後にして最初のアイドル』草野原々著
☑『地下にうごめく星』渡辺優著

◆ 実在するアイドルや芸能人を起用しなくとも物語を成立させることは十分可能

名付けという観点から策を講じるなら、書き手自ら創造した芸能人キャラを登場させて動かすしかありません。

一方、プロの小説家による芸能人をモチーフにした作品はここ数年いくつか見受けられます。記憶に新しいところでは『推し、燃ゆ』(宇佐見りん著)です。主人公の女子高生が、男女混合グループの「まざま座」メンバー、上野真幸を推すことだけを生きがいとしながら、ある事件を契機にネットで推しが炎上して——という物語で、芥川賞を受賞したこともあって話題になりました。2015年に刊行された『武道館』(朝井リョウ著)も挙げられます。女性アイドルユニット「NEXT YOU」がトップアイドルを目指す過程を描き、グループアイドル隆盛時代の昨今に鋭く切り込んだ作品として注目されました。

つまり、実在するアイドルや芸能人を起用せずとも、架空のキャラクターを創り上げれば、物語を成立させることは十分可能です。

何より読者の興味と関心は、現実世界に実在するアイドルが登場するストーリーではありません。どのように斬新な物語が描かれているか、という1点に尽きます。

作品内のアイドルモチーフも名付けのセンスが重要です

どうも～
毒蟲小町で～す☆

名前が気持ち悪すぎ!!

IT関連用語を登場させるときのコツ

先進のIT分野に長けていればおのずと物語の着想枠が広がり
創作の大きなアドバンテージになるでしょう

✦ 暮らしに浸透し、物語の重要な役割を担うようになったITテクノロジー

　今や現代や近未来が舞台の物語を創作するうえで無視できないカテゴリーといえば、IT分野です。<u>スマートフォン、パソコン、ポータルサイト、クラウド、AI、VR、メタバース——IT分野のテクノロジーは私たちの暮らしに深く浸透し、物語においても重要な役割を担うようになりました。</u>

　しかしいざ執筆の段階になると、どう書くべきか悩むことがあります。一部独断もありますが、経験値から作中での名付け表記について解説します。

　まず、スマートフォン。そのままだと長く、文中で何度も繰り返して登場する可能性が高いため、省略形表記がおすすめです。一時期は「スマフォ」「スマフォン」ともいわれましたが、現状では「スマホ」で定着しています。『スマホを落としただけなのに』(志駕晃著)という大ヒットミステリー小説もありましたね。「携帯電話」ならガラケーも含まれるという認識でよいでしょう。

　パソコンは大きく分けて2種類。それら表記は「デスクトップパソコン」と「ノートパソコン」です。「ノートブックパソコン」は最近使われない呼称です。覚えておきましょう。

●　今さら人に聞けない超基本のIT用語

☑ ブラウザ：スマホやパソコンにWebページを表示するソフトウェア

☑ クラウド：ネットワーク経由で提供されるストレージなどのサービス

☑ バグ：プログラム上の不具合。英語で「虫」という意味

クリエイターを目指すなら
積極的に知見を蓄えるように

　スマホやパソコンで何かを検索するシーンも物語では頻繁に登場します。その際、画面上に呼び出すのが「ポータルサイト」。略して「ポータル」と書く場合もあります。代表的な「ポータルサイト」とは、大多数の人が常用するGoogleやYahoo!などの検索エンジンサイトを指し、そう表記したほうがわかりやすいと思われるでしょう。しかし、作中では使わないほうがベターです。なぜなら大多数の人が使っているものの、使っていない人もいるからです。極力、一般名称で表記するよう心掛けましょう。

　一方、表記から離れますが、昨今のバズワード「メタバース」を連想させる世界観の物語が急増中です。古くはハリウッド映画『マトリックス』にはじまり、細田守監督によるアニメ映画『サマーウォーズ』と『竜とそばかすの姫』、大ヒットラノベ『ソードアート・オンライン』、さらにはジェームズ・キャメロン監督の『アバター』も広義では「メタバース」の範疇です。

　先進のIT分野に長けていればおのずと物語の着想枠が広がり、創作において大きなヒントを得る場合があります。今や無視できないコンピュータの世界だけに、クリエイターを目指すなら積極的に知見を蓄えましょう。

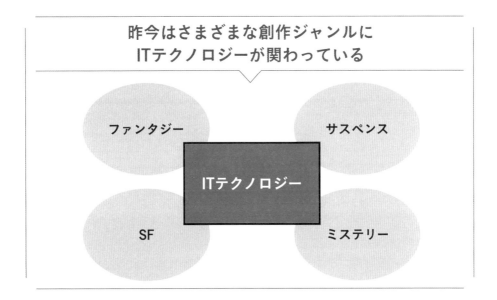

昨今はさまざまな創作ジャンルに
ITテクノロジーが関わっている

ファンタジー　　　サスペンス

ITテクノロジー

SF　　　ミステリー

SNSを
登場させるときのコツ

ITカテゴリーはあらゆるサイクルが短く、1年後でさえ
どうなっているか読めない日進月歩の分野です

✧ 作中にサービス名の固有名詞を書けば
〝劣化〟は免れない

　もうひとつ、IT関連で絶対に押さえておきたいのがSNS（Social Networking Service）です。画像系、動画系、チャット系、日記系、短文系など、さまざまなスタイルのSNSが普及し、誰もが気軽に利用するネットワークサービスとして瞬く間に確立されたのは周知でしょう。

　代表的なSNS御三家は、Instagram、X（旧Twitter）、Facebookですが、物語でどう扱うかについては諸派分かれるところ。P.65にて触れた『#真相をお話しします』は、YouTubeが事件の動機に大きく関与すると書きました。作者によっては意図的にSNSの固有名詞を用いて時代性をアピールします。具体的であれば説得力が増し、展開構図を明確に示唆できるからです。

　その一方、IT分野は企業間競争が熾烈で、M&A（企業の合併・買収）による社名やサービス名の変更が珍しくありません。現にTwitterが「X」に名称変更してアイコンデザインまで一瞬で変わってしまいました（2023年7月時点）。

　青天の霹靂のような事態が起きてしまうのがIT業界のつねです。

　当然、作中にSNSの固有名詞を書けば〝劣化〟は免れません。

● あまり知られていない無料SNSアプリBEST3
① 「Lemon8（レモンエイト）」：生活全般のあらゆる情報が共有できる
② 「Soul（ソウル）」：趣味や性格診断に基づいて友だちが探せる
③ 「HelloTalk（ハロートーク）」：世界各国の言語が学べるコミュニティ

〝一寸先が闇〟なのは、何もIT業界に限ったことではない

✦ そのSNS自体の人気が突然急降下して オワコンとなるリスクも

　諸説あるものの、YouTubeもSNSのひとつであり、全世界で圧倒的な利用者と視聴者を誇る動画サービスとして高い人気です。

　余談ですが、料理系、ゆるキャン系、ミステリー系、野食系など10万単位以上のチャンネル登録者数を持つユニークなYouTuberのコンテンツを書籍として刊行する連動企画は、今や出版社の常套戦略として定着しました。それに正比例するように、物語においてYouTubeを題材にするのもポピュラーとなりましたが、「YouTube」と作中でそのまま表記するか、あるいは「人気動画サイト」と一般名称で書くかは、やはり判断が分かれるところです。

　前述の通り、題材名が具体的な固有名詞であれば説得力が増すのは事実です。とはいえ、イメージを限定してしまうというデメリットもあります。

　さらには「X」のようにサービス名が変更される可能性も無きにしも非ず。そのSNS自体の人気が突然急降下してオワコンとなるリスクも内在します。

　IT関連カテゴリーは、あらゆるサイクルが短く、1年後はどうなっているか読めない日進月歩の分野です。書き手はその傾向を把握したうえで、自身の物語の特性に合わせて、題材の名付けを見極めるべきでしょう。

人間関係とキャラ像を浮き彫りにする呼び名のバリエーション

**主人公の命名時には、呼び名のバリエーションが
豊富な姓名を考えておくと便利です**

◆ 会話の最初の呼びかけだけで 親しさレベルを読者に伝えられる

　浜邊侑一郎(はまべゆういちろう)というフルネームの高校3年生の男子がいるとします。物語の主人公です。

　彼をどう呼ぶかで、その登場人物との関係性をほのめかす技法があります。

　たとえば「浜邊くん」と丁寧に呼ぶクラスメートの男子。おそらく彼は主人公とそれほど親しくない間柄だと推測されます。「浜ちゃん」と呼ぶ違うクラスの同学年男子は、かつて同じクラスだったか、または部活が一緒なのか、とにかく親しい仲だとわかります。「ユーチロー」と下の名前を呼び捨てにする男子だとどうでしょうか？　近所の幼馴染みか、あるいは小・中学校でも一緒だったなど、さらに親密な間柄であることが読み取れます。

　主人公の命名時には、どのように呼び名を変えられるか、バリエーションが豊富な姓名を考えておくと便利です。上記のように他者との関係性を地の文でくどくど説明せずとも、会話の最初の呼びかけだけで親しさレベルを読者に伝えられるからです。また、主人公をどう呼ぶかで、その登場人物の性格やキャラクター像まで浮き彫りにできます。

● 呼び名バリエーションが豊富な姓名の特徴
- ☑ 漢字で5文字以上、読み仮名で10字近くの長さ
- ☑ 「ー」(音引き)を入れて読める下の名前がベター
- ☑ 姓と下の名の頭文字をつなげてあだ名が作れる

◆ キャラクターが生き生きと動きはじめ 人間ドラマに深みと幅広さが出てくる

　もちろん呼び名は、家族や異性との関係性をも匂わせます。

　「侑一郎さん」とよそよそしく呼ぶ母なら、血のつながらない義母かもしれないし、どこか訳ありな家庭事情を感じさせます。「侑」と短縮形で呼び捨てにする父なら、息子と親しくも強い親のイメージを想起させます。

　同じクラスで「侑くん」と呼ぶ女子がいたら、ふたりはどういった関係だと感じるでしょうか。きっと友だち以上の仲か、恋愛関係にあると勘繰るはずです。さらには「おい、ハマユウ！」とあだ名で乱暴に呼び捨てる男が登場すると不穏な空気が漂います。逆に、隣に住む女子大生が「ねえ、ハマユウ〜」と親しげに呼びかければどうでしょう？

　正式な名前が浜邊侑一郎であっても、物語においてそのまま呼ばれることは稀。各登場人物による独自の呼び名で自然な会話が進むよう意識してみてください。同時にその呼び名にふさわしい距離感での人間関係を描くよう心掛けてみましょう。

　この技法を難なく使いこなせるようになると、キャラクターが生き生きと動きはじめ、人間ドラマに深みと幅広さが出てきます。

同じ呼び名でも人の反応は大きく変化する

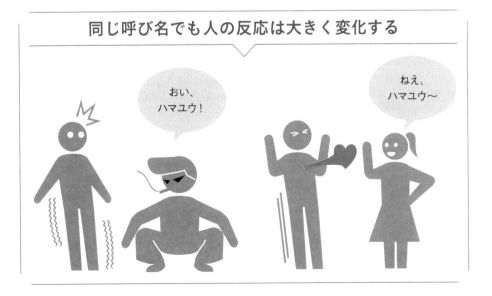

おい、ハマユウ！

ねえ、ハマユウ〜

ファンタジーにおける
武器と防具の名前の付け方

作者都合で脈絡のない名付けが横行すれば読者は戸惑うため、
説得力を持たせるモチーフや由来が必要です

◆ 読者層をしっかりイメージし
世界観の方向性を定めること

空想・幻想のフィクション世界である、ファンタジーの物語を書くうえで、武器と防具の設定は欠かせません。当然、それらのアイテムに名前を付け、バトル展開に備えるわけですが、ここで大切な前提が2つあります。

ひとつは誰がこの物語を読むのか、読者層をしっかりイメージすることです。ファンタジーは小学生から大人まで、幅広い読者層が想定されるジャンル。一方で、ストーリーに内包されるテーマやメッセージの難易度と深度はじつにさまざまです。どの層に物語を楽しんでもらいたいか、というターゲット選定を書き手はプロット段階でクリアにしましょう。

もうひとつは世界観の方向性を定めることです。ファンタジーは2タイプに大別されます。「ハイファンタジー」とは架空の異世界で不思議な力や謎な生き物が登場する物語。「ローファンタジー」とは現実世界に魔的な存在が現れる物語。この世界観の方向性によって、ストーリーの難易度が変わり、読者層が大きく分かれます。同時に、各キャラクターが手にする武器と防具のファンタジックレベルもまた変わってきます。

● ギリシャ神話以外で押さえておきたい三大メジャー神話
① 古代ローマ人が崇めた固有の神々にまつわる『ローマ神話』
② 古代スカンジナビアの深い信仰に基づく『北欧神話』
③ 人類の宗教史に重要な意味をもたらした『メソポタミア神話』

神話をモチーフにすればどんどんアイデアが湧いてくる

ゼウス　　　　クロノス　　　　ポセイドン

◆ 大前提として〝わかりにくい〟〝理解できない〟謎だらけの命名はNG

　読者層と世界観が決まれば、武器と防具に名前を付けましょう。

　大前提として〝わかりにくい〟〝理解できない〟謎だらけの命名はNGです。

ファンタジー世界とはいえ、作者都合で脈絡のない名前が横行すれば、読者は戸惑うばかり。説得力を持たせるモチーフや由来が必要となります。

　代表的なのは、世界各国に存在する神話になぞらえた武器や防具の名前です。ギリシャ神話の場合、ゼウスは雷を起こすケラウノス、クロノスは黄金の鎌、ポセイドンは三つ叉槍のトライデントという武器を持ちました。

　キャラクターを神々に重ね合わせ、武器にも同様の意味合いを持たせてアレンジした名前を付けていけば、おのずと必然性が生まれます。

　ここで注意すべきは読者層によって知識量に差がある点。ギリシャ神話をモチーフとするなら高校生以上を読者として設定すべきです。

　3章では各国言語にまつわる特徴を解説しました。ドイツ語なら医学、化学、物理学が強いように、ファンタジー世界観の背景としてドイツ文化を取り入れれば、ドイツ語による名付けとの親和性が高まります。このように柔軟に考えながら、モチーフの知識をうまく物語の背景に取り入れましょう。

ファンタジーにおける魔法の名前の付け方

魔法に属性と法則性があれば、読者を納得させるロジックを構築でき、世界観への理解と共感が促されます

◆ 威力が強くなるほどより強そうな進化系ワードへと変化

ファンタジーの物語で必要不可欠なのが、魔法です。もちろん作品によって登場する魔法はさまざまですが、どれもが独創的なアイデアに満ち、山場を盛り上げる重要なトリガーのひとつとして位置づけられます。

魔法に名前を付けるときの基本原則は、威力が強くなるほど、より強そうな進化系ワードへと変化させていくということでしょう。

具体的にいうなら、シンプルで文字数の少ない小魔法から、複雑で文字数の多い大魔法へとバージョンアップしていくのが最近の定番となっています。

わかりやすい例は『ドラゴンクエスト』シリーズの攻撃呪文です。

メラ→メラミ→メラゾーマ→メラガイアー

バギ→バギマ→バギクロス→バギムーチョ

ギラ→ベギラマ→ベギラゴン→ギラグレイド

ヒャド→ヒャダルコ→ヒャダイン→マヒャド→マヒャデドス

このように各系統ごとに名前が変化して文字数が増えるにつれ、強度の魔法に成長していき、プレーヤーが視覚的に直感できるしくみになっています。

● **魔法の命名に関する三大注意点**

① 効果や威力がひと目で把握できる単純な法則性を意識する

② 根拠なき単なる思いつきのひとりよがりな命名はご法度である

③ 同じカテゴリーの魔法の発展形だとわかる変化ルールを設定する

属性魔法が主流となった理由は
RPGゲームの人気によるところが大きい

　昨今のファンタジーにおける魔法は、〝属性あり〟が主流です。

　たとえば古代ギリシャの哲学から生まれた四大元素『地（土）』『水』『空気（風）』『火』という4つの属性から来たものが有名です。同様にメジャーな属性には、中国の五行思想に由来する五大元素系魔法があります。こちらも四大元素と同じく世界を象る元素だと定義され、属性は『土』『水』『木』『金』『火』の5つになります。これら属性魔法が主流となった背景は、前述の『ドラゴンクエスト』や『ファイナルファンタジー』をはじめとするRPGゲームの人気によるところが大きいでしょう。**属性と法則性があれば、読者を納得させるロジックを構築でき、世界観への理解と共感を促します。**

　名付けの手法に関しては、『ファイナルファンタジー』の法則性がわかりやすいと思います。以下のように英語名が語形変化するものです。

　　ファイア→ファイラ→ファイガ　　　ブリザド→ブリザラ→ブリザガ

　この語形変化に似たものとしては英語の比較級と最上級が挙げられます。

　　グッド（good）→ベター（better）→ベスト（best）

　原級からの語形変化を応用すれば、多種多様な魔法が名付けられます。

名前の長い魔法のほうが印象として強そうに見える

スーパーエクストラビッグバーニングファイヤー!!

バトルアクションにおける必殺技の名前の付け方

クライマックスで繰り出される起死回生の一撃は
劇的に心を揺さぶるインパクトある名前が求められます

◆ 物語のキャラ名や世界観にもフィットした命名にすべき

　主人公と敵がそれぞれ得意とする能力やスキルや武器を駆使し、徹底的に戦い抜くバトルアクションを主体とした物語。異世界ファンタジー系であれ、近未来SF系であれ、世紀末ディストピア系であれ、このジャンルは両者による戦闘に次ぐ戦闘の構図なくして起承転結が成立しません。

　超能力、武術、刀剣、魔術、未知の最新兵器——キャラクターたちが競い合う戦闘手法はじつにさまざまで、世界観の設定によって大きく異なります。しかし、あらん限りの力を振るうハラハラドキドキの攻防の応酬でラストを飾る王道テンプレだけは、どんな世界観の物語であろうと変わりません。

　とりわけクライマックスで繰り出される、主人公による起死回生の一撃は劇的に心を揺さぶるインパクトが求められます。となれば当然、その必殺技か切り札的奥義には読者を魅了する名付けが必要です。

　それまでのピンチをオールクリアして勝利をもたらすものですから、いかにも強そうでカッコよくて、スペシャルな技名でなければなりません。

　さらにはキャラクターや世界観にも合った命名であるべきです。

● 『北斗の拳』に見るケンシロウの必殺技ネーミングBEST3（※著者判断）
① 「北斗百裂拳」（ほくとひゃくれつけん）
② 「交首破顔拳」（こうしゅはがんけん）
③ 「北斗虚無指弾」（ほくときょむしだん）

日本語と同じ意味の外国語を 一括検索できるサイトを活用する

ファンタジー系のバトルアクションであれば、やはりギリシャ語、フランス語、ラテン語、ドイツ語あたりがおすすめです。言葉として独特の重厚感とスタイリッシュさを兼ね備えるうえ、音感に壮美な響きが漂うからです。

最近では、日本語と同じ意味の外国語を一括検索できるサイトがいくつかあります。たとえば近未来SF系のバトルアクションの場合だと、銀河系や太陽系をはじめとする「宇宙・天体」をモチーフとした単語を変換し、イメージに合致する外国語を探すのも一法です。例として『北斗七星』を検索してみると、『アルクトス』（ギリシャ語）、『グランドゥルス』（フランス語）、『ウルサマヨール』（ラテン語）、『グローサーベーア』（ドイツ語）と出てきました。これらをヒントにしてアレンジを加えるのもいいでしょう。

和テイストの時代ものなら、漢字の四字熟語を必殺技や決め技の名前として用いるのもありです。『鏡花水月』（きょうかすいげつ）、『虚無縹渺』（きょむひょうびょう）、『鬼哭啾啾』（きこくしゅうしゅう）、『景星鳳凰』（けいせいほうおう）など、刀剣を用いた必殺技にふさわしい語彙が散見されます。こちらもネット検索を活用すれば簡単に調べられます。

バトルアクションでは「パワーインフレ」にも注意したい

③必殺技のパワーもどんどん
強くしなければ物語が成立しない

②主人公のパワーもどんどん
強くする必要に迫られる

①強敵のパワーが
どんどん強くなる

映像制作で学んだ
名付け技法が今に活きる

老若男女問わずさまざまな
設定のキャラクター像と向き合えた

　私は小説や本書のような著述の仕事以外に、コピーライターとシナリオライターもやっています。それらの多くは、企業のCMやグラフィック広告で使われるキャッチフレーズを考えること。最近はWeb連動型の広告キャンペーンが通例なので、サイト上で展開されるコンテンツのコピーも書きます。

　さらに兼任でデザインまで含めたクリエイティブの統括が増えてきました。

　ほかには企業のサービスや製品をブランディングする映像シナリオの仕事を月10本くらいこなしています。120〜180秒くらいの長めのコマーシャルムービーです。この仕事が面白い。概ね5人以内の演者でミニドラマが展開され、劇中でサービスや製品を紹介するわけですが、私はビジネスシーンや家庭内の一場面で登場人物を動かすショートストーリーを執筆します。

　当然、登場人物に名前を付ける必要があります。たとえば、金融機関の融資課課長、若手のインサイドセールス担当者、30代シングルマザー、70代地主の祖父——じつに多くのキャラクターが舞台設定に合わせて登場します。

　私はシナリオを書きながら「この人は50代前半で工務店社長だから、どういう名前がいいかな」などとキャラクター像を思案し、姓名を決めていきます。

　そのプロセスが小説執筆の初期段階とまったく同一なのです。しかも映像は長くて180秒。おのずと字数が限られます。尺1分に対して300字と決まっており、900字で1本の劇を書き上げなければなりません。となると長すぎる名前はNGですが、全員が短い名前だとメリハリがなくなります。

　この仕事のおかげで、さまざまな設定のキャラクター像と向き合い、物語における名付けノウハウを学ぶことができて今に活きています。

6章

実践編③

タイトル・作品名の
名付けの技法

物語の第一印象はタイトルで決まるもの。本章では読者の
関心を惹きつけるタイトルの法則、より多くの人に届ける
ために注意したいポイントを紹介します。

〝売れる正攻法タイトル〟の 大原則とは

耳に残るタイトルはおのずと関心を誘い、 「どんな作品なのだろう？」と読者の興味が喚起されます

「耳に残るフレーズ」であること とにかく、これに尽きる

　ヒット映画やベストセラー小説の具体的事例をいくつか挙げ、パターン別成功タイトルの在り方を２章で解説しました。

　本書の最終章となる６章では、さらに一歩踏み込んだ作品や各章のタイトルに関する実践的な名付け技法に触れていきます。

　そこでまず、基本中の基本に立ち返る意味も含め、〝売れる正攻法タイトル〟の大原則にフォーカスします。

　というのも、２章で紹介した成功タイトル事例は、どれもプロ中のプロが考え抜いて創出した案だからこそ、ヒットに導けた感が否めません（場合によっては百戦錬磨の編集者やクリエイターがアイデアフラッシュの段階からサポートしています）。名付けパターンの参考にはなるものの、すぐに実践に結びつけるのは正直難易度が高すぎるかもしれません。

　では〝売れる正攻法タイトル〟とは何かといえば、「耳に残るフレーズ」であること。とにかく、これに尽きます。最初は難しい理論や理屈を抜きにし、この基本を忠実に守ってタイトル案を考え出すよう心掛けてくだい。

● 英語の原題と邦題がまったく違う洋画の例

『バイオハザード』→原題『Resident Evil』（内に潜む悪）

『ランボー』→原題『First Blood』（最初に流れた血）

『アナと雪の女王』→原題『Frozen』（凍てついた）

◇ 韻を含んだ音の響きが持つ独特の語感は 一度聞くと耳に残って離れない

作品自体の素晴らしさはもちろん、キャッチーで秀逸なタイトルに誘発されるようにして、世界的に大ヒットしたハリウッド映画があります。

ゴールデングローブ賞とアカデミー賞を総ナメにした『ラ・ラ・ランド』（2016年公開）です。英語原題もそのままの『La La Land』です。

「la-la land」自体はスラングで〔アルコールやドラッグで酩酊したときの〕「至福の世界」を表し、また、ロサンゼルス（Los Angeles）、特にハリウッドを指す言葉でもあります。つまり、タイトルの『La La Land』とは「現実離れした、おとぎの国みたいな世界」という意味を込めて付けられたといわれます。

タイトルの意味はさることながら、『ラ・ラ・ランド』という韻を含んだ音の響きが持つ独特の語感は、一度聞くと耳に残って離れません。

おのずと関心を誘いつつ、「どんな作品なんだろう？」と、タイトルから作品自体への興味が喚起されます。

しかもご存じの通り、本作品はミュージカル映画であり、『ラ・ラ〜』というタイトルの跳ねる音感に見事なまでに一致する仕掛けとなっています。

まさに〝売れる正攻法タイトル〟を地で行き、大成功を収めた事例です。

タイトルはまず正攻法で攻めてトップを目指す

耳に残るフレーズ

やたら長いタイトル　　今風な感じを意識

そのものズバリ　　とにかくインパクト勝負

難解で意味不明

物語のタイトルは全体を書いてから決める

**タイトルの原石となる表現は物語後半にあるケースが多く
それを探して吟味するのが基本原則です**

◆ 書きはじめに物語のテーマやメッセージとなる主要なキーワードを抽出して紙にメモする

　個人差はあると思いますが、プロ作家がタイトルを決めるプロセスはおおよそテンプレ化しています。それらのパターンを紹介しながら、おすすめのタイトルの名付け方について解説します。

　まず、ハイレベルなスキルを持つ一部の作家は、プロットの核となるテーマとタイトルが同時に閃きます。理想的なパターンではありますが、これはレアケース。よほどのキャリアと才を兼ね備えた人にだけ可能な技です。

　では一般的な作家はどうするかといえば、書きはじめに物語のテーマやメッセージとなる主要なキーワードを抽出して紙にメモしていきます。パソコンやスマホで書いてもいいですが、できれば手の届く場所に置くか貼るかして、いつも視界に入るほうが、別のアイデアをどんどん書き足せて便利です。

　その作業に取り組みつつ、プロットを完成させて第1稿の執筆に入ります。

　この段階でタイトルは、仮案というかドラフトのような単語の組み合わせがいくつかあるという状態。あくまでキーワードの抽出なので、キャッチーな語感や「耳に残るフレーズ」を意識する必要はありません。

● タイトルを決める3段階方式のポイント
① 書きはじめに物語の主要なキーワードを抽出
② 執筆後半でふたたびキーワードの候補をメモ
③ 第2稿を終えたとき物語を俯瞰して候補から本格検討

◆ じつは主人公以外の言動に タイトルのヒントが隠れている場合もある

　第1稿が後半からクライマックスに差し掛かったあたりで、タイトル決めのひとつの山場を迎えます。物語のテーマやメッセージを色濃くも具体的に表現したワードがすでに作中に登場しているからです。書きはじめにメモしたものと意味やニュアンスが同じでも、より強く心に届くワードであることが重要。これが書けていれば執筆が順調に進んでいる証しにもなります。一定数の作家はこの段階でタイトルイメージを明確に絞り込みます。

　ここでポイントです。後半へ向けて物語を書き進めながら、タイトルに使えそうな単語の候補を、あらためて紙にメモしていきましょう。そうした意識で執筆を進めると、ひょんなことからタイトルに近しい表現なりワードに出会えます。たとえば、あるときは恋人役の想いであったり、あるときはバディが胸に抱いている信条であったり、作品における主人公以外の言動にタイトルのヒントが隠れている場合もあります。

　そうやって第1稿を書き終えます。手元には原稿のほかに、書きはじめのメモと後半戦でのメモが残っています。このなかから最終候補の単語なり表現を2、3個選びます。あるいはその段階ですでにフレーズとして完成形に近いタイトルを発見している可能性もあり、多くの作家はこれにあたります。**宝探しのようですが、タイトルの原石は物語後半に埋め込まれているケースが多く、これが基本原則となります**。以降、第2稿に入りますが、この段階でもまだタイトルは完成形でなくて大丈夫。焦りは禁物です。

　さて、「推敲の要」となる第2稿が終わると、かなり物語の主旨と起承転結が整理された状態になります。ここが肝心です。あなたのなかで作品を俯瞰した際、もっとも浮かび上がってくるテーマ、メッセージ、キーワード、そういった言葉をあらためて吟味し、10字以内を目安にフレーズを考えてみましょう。作中の登場人物の台詞に着目するのも大いにありです。

　このとき、書きはじめのメモから見えない線でつながる言葉が引き出せていたなら、それがタイトルです。出会えた瞬間、物語が完成を迎えます。

タイトルを第3候補まで考えて 第三者の印象を聞いてみる

書き手は自身の物語に入り込みすぎていることが多いため、 途中で第三者の客観的感想を聞いてみるべきです

◆ 方向性の異なる候補タイトルを見せて 率直な第一印象を教えてもらう

　前ページでタイトル決めの段階的プロセスについて解説しました。ここではいくつか説明を補足します。

　第2稿の完成時点でタイトルを決めると書きましたが、なかには今ひとつ自信が持てない人もいるに違いありません。書き上げた作品を小説投稿サイトや出版社主催の文芸賞に出す予定であれば、なおさら一抹の不安を覚え、決めあぐねてしまうもの。そんなときは迷わず第三者に作品タイトルの印象を聞いてみることをおすすめします。

　本来なら書き上げた物語自体を読んでもらって、気になる点、おかしいと感じた箇所、面白いと感じた部分など、多角的な感想をヒアリングすべきですが、それだと時間がかかってしまううえ、「さすがにちょっと……」と二の足を踏む気持ちもわからないではありません。

　作品タイトルのみであればそれほど気恥ずかしくありませんし、時間も要さず、反応を知ることができます。その際、最低でも3案ほど方向性の異なる候補タイトルを見せて、率直な第一印象なり所感を教えてもらいましょう。

● 3案の候補タイトルの方向性は次のように変えてみる
① 自分のなかでもっとも物語にふさわしいと思う自信作
② あえて長くしたり短くしたりした挑戦的なタイトル
③ それだけ読んでも意味はわからないがインパクトが強いもの

◆ シビアな批評でも素直に受け止めることは大いなる向上につながる

聞くポイントは以下の3点に絞ってください。

> ① どれが一番読みたいと思った？　② 一番インパクトのあるタイトルは？
> ③ 一番つまらなそうなタイトルは？

　もちろん、相手に聞く前に自分自身で上記3点の質問に対する答えを用意しておきましょう。自分の答えと相手の答えが合致すれば、「一番読みたいと思った」タイトルに決めて問題ありません。おそらく①と②は重複回答となり、仮に3案の候補タイトル案を提示したとすれば、答えは二極化します。

　つまり、①②に合致するタイトルと、③の「一番つまらなそうなタイトル」に分かれるはず。また、1案はスルーされた形となり、心に引っ掛からなかったことになります。これは完全にボツです。この質問を3〜5人に実施して統計を取れば、おのずと多数決でタイトルが決まります。

　往々にして書き手は自身の物語に入り込みすぎているもの。そして第三者の客観的感想は、読者と編集者が抱く印象と同一です。<u>シビアな批評であってもそれを素直に受け止めることは、大いなる向上につながります。</u>

第三者は友だちであっても、読者であり編集者の顔を持つ

ガーン

どれも今ひとつだね

★タイトル案★

小説投稿サイト上で
タイトルの途中変更はアリ？

数字が伸びない投稿作品はすぐに心を切り替え、
タイトルとあらすじ、キャッチコピーを書き換えましょう

◆ どれだけ本編の物語が素晴らしくても
そこまで到達してもらえない

さて、小説投稿サイトに渾身の１作を投稿してみたものの、「閲覧数もPV数もまったく伸びない……」と、頭を抱える人は少なくありません。

「やっぱテーマが重すぎたのか」「今風の軽いタッチにすればよかったかも」「絶対に面白い超自信作なんだけどな」「いったいどうなってるんだ？」

ようやくネット文芸の門をくぐったのに、こんなふうに悶々と自問自答している書き手は、おそらく星の数ほどいることでしょう。

断言しますが、小説投稿サイトは一般の文芸世界とは一線を画した別物だと思うことです。 出版社主催の各文芸賞にカテエラ（カテゴリーエラー）が存在するように、ネット文芸の小説投稿サイトにもカテエラが存在します。

しかもそれは作品自体の出来不出来云々ではなく、もっと手前側に立ちはだかる関門によって淘汰（とうた）される独自カテエラです。つまり、どれだけ本編の物語が素晴らしくても、読み手にそこまで到達してもらえません。

閲覧数とPV数を伸ばすには、その現実としくみを理解したうえで万策を講じ、投稿する必要があります。

● なろう系ヒット作品に見る小説投稿サイトの長文タイトル傾向
- ☑ 『転生したらスライムだった件』
- ☑ 『とんでもスキルで異世界放浪メシ』
- ☑ 『本好きの下剋上〜司書になるためには手段を選んでいられません〜』

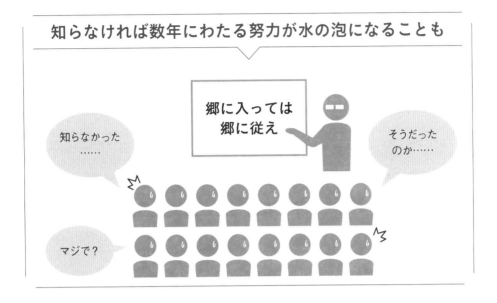

知らなければ数年にわたる努力が水の泡になることも

郷に入っては郷に従え

知らなかった……

そうだったのか……

マジで？

◆ 世界観と主役キャラを明確に伝えなければ訪問者はそそくさと退散

　小説投稿サイトにおいて、訪問者である読み手はいきなり作品本編を読もうとはしません。まずタイトルとあらすじを入念にチェックし、その物語が果たして読むに値する作品かどうかを査定します。小説投稿サイト『カクヨム』の場合はキャッチコピーを書く欄もあるため、査定ポイントの関門は3つになります。数字が伸びない投稿作品はすぐに心を切り替え、とにかくタイトルとあらすじ、キャッチコピーを書き換えることです。その際、人気ランキング上位の作品を参考にしましょう。

　小説投稿サイトでは文字数の長いタイトルが多く見受けられます。

　というのも訪問者は、本編を読む前に長文タイトルで内容を把握したがる傾向があるからです。よってタイトルだけでジャンルや大筋をプレゼンテーションしなくてはなりません。あらすじも同様です。冒頭1行で世界観と主役キャラを明確に伝えなければ、訪問者はそそくさと退散します。

　タイトルとあらすじ、キャッチコピーに物語のエッセンスを集約し、しかも斬新なオリジナリティを伝えなければ、読者の獲得に結びつかない——それが小説投稿サイトというネット文芸世界の掟なのです。

主人公の名前を
タイトル名にするのはアリ？

よほど独創的でユニークな名前か、大作家の作品でない限り
多くの読者はスルーしてしまうリスクがあります

✧ 小説では「主人公名＝タイトル名」という
構図はそれほど見られない

　P.108〜109にて「印象深い主人公の命名と作品タイトル」について触れ、『横道世之介』を取り上げました。ここではさらに深掘りして、主人公の名前をそのままタイトル名にする傾向と是非について解説していきます。

　じつは「主人公名＝タイトル名」という構図を、知らず知らずのうちに、子どもの頃から頻繁に目にしていることにお気づきでしょうか？

　この構図がよく見られるのが、漫画とアニメです。
『サザエさん』『ちびまる子ちゃん』『ドラえもん』『じゃりン子チエ』『涼宮ハルヒの憂鬱』『クレヨンしんちゃん』『アルプスの少女ハイジ』と、挙げていけばキリがないくらい、世代を超えたヒット作が目白押しです。

　また、『あしたのジョー』『がんばれ元気』『はじめの一歩』という3作はどれもボクシング漫画ですが、まるで主人公の名前を入れるのがルールのように、タイトルの作りまでぴたりと揃っています。

　その一方、小説では「主人公名＝タイトル名」という構図はそれほど見られません。少なくとも日本ではそういう傾向にあります。

● 日本文学の名作に見る「主人公名＝タイトル名」の希少例
☑ 『三四郎』 夏目漱石著
☑ 『次郎物語』 下村湖人著
☑ 『大津順吉』 志賀直哉著

漫画やアニメはビジュアル化された
主人公キャラで作風とジャンルがわかる

「日本では」と書いたのは、欧米では異なるからです。1605年と1615年に出版され、小説の起源とさえいわれる『ドン・キホーテ』は主人公の名前がそのままタイトルになっていますし、世界的に著名な小説作品『ロビンソン・クルーソー』も然りです。ほかにも、L・M・モンゴメリの『赤毛のアン』、ミヒャエル・エンデの『モモ』など、海外文学では「主人公名＝タイトル名」という構図に則って世界的にヒットした作品が目立ちます。

漫画やアニメの場合、ビジュアル化された主人公キャラを見られることから、作風とジャンルがひと目でわかります。しかもタイトル名を主人公名にするくらいなので、どの作品も例外なくキャラ立ちの濃いものばかりです。だからこそシンプルなタイトルで勝負しても読者がついてきてくれます。

小説の場合、そうはいきません。作品タイトルの重要性については散々語ってきたのでおわかりかと思いますが、見たことのない架空キャラの人物名がタイトルで、果たしてどれほどの方がその本を手に取るでしょうか。

作品タイトルは店構えであり、お店の看板です。よほど独創的でユニークな名前か、大作家の作品でない限り、ほとんどの読者はスルーしてしまいます。

漫画やアニメはキャラが一目瞭然なので通用するが……

文芸賞受賞作の作品タイトルと その時代の傾向

創作を支える若い世代の感覚と影響力が 文芸カルチャーを変えつつあるのは間違いないでしょう

◆ 直木賞受賞作から ここ数年の潮流を見てみる

　つい先頃、第169回直木賞の受賞作が決定しました（2023年7月時点）。『極楽征夷大将軍』（垣根涼介著）と『木挽町のあだ討ち』（永井紗耶子著）です。P.58〜59にて「文字数が多い作品タイトルの系譜と特徴の考察」について特徴的な作品をいくつか紹介しましたが、エンタメ系文学賞の最高峰である直木賞受賞作からここ数年の潮流を見てみましょう。

　3年前に遡って、2020年の受賞作は上・下半期ともに1作ずつでした。『少年と犬』（馳星周著）、『心淋し川』（西條奈加著）です。

　翌2021年の受賞作は上・下半期合わせて4作。『テスカトリポカ』（佐藤究著）、『星落ちて、なお』（澤田瞳子著）、『塞王の楯』（今村翔吾著）、『黒牢城』（米澤穂信著）です。

　そして2022年の受賞作は上・下半期合わせて3作。『夜に星を放つ』（窪美澄著）、『地図と拳』（小川哲著）、『しろがねの葉』（千早茜著）です。

　こうして作品名を見ると、2023年の受賞作タイトルは2作品とも読み字数が10字を超え、過去3年の受賞作にない長めのものであることがわかります。

● 過去の本屋大賞受賞作品には短い作品タイトルもあった

☑ 『告白』（湊かなえ著）2009年

☑ 『天地明察』（冲方丁著）2010年

☑ 『鹿の王』（上橋菜穂子著）2015年

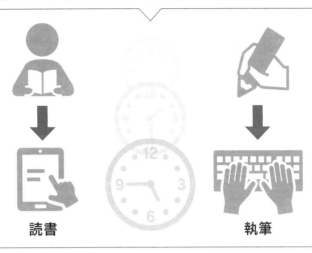

時代の流れとともに文芸を取り巻く環境も変わってきた

読書

執筆

◆ 潮流を読みつつ、作品に 時代を反映させていくことが大切

　もちろん偶然かもしれませんが、それでも2章で書いた通り、長めの作品タイトルへと移行する傾向が文学賞からも見て取れるようになりました。それは本屋大賞にランキングされた作品群からもうかがえます。

　2022年本屋大賞の大賞受賞作は『同志少女よ、敵を撃て』（逢坂冬馬著）、2位は『赤と青とエスキース』（青山美智子著）。

　2021年の大賞受賞作は『52ヘルツのクジラたち』（町田そのこ著）、2位は『お探し物は図書室まで』（青山美智子著）。

　2023年の大賞受賞作は『汝、星のごとく』（凪良ゆう著）と、やや短めではあるものの、2位は『ラブカは静かに弓を持つ』（安壇美緒著）でした。

　作品タイトルは長ければよい、というものではありません。しかし、小説投稿サイトが台頭して大ヒット作がネット上から生まれてくる時代を迎え、創作を支える若い世代の感覚と影響力が文芸カルチャーを変えつつあるのは間違いないでしょう。

　日々、執筆に取り組んでいる書き手は、こうした潮流を読みつつ、自身の作品タイトルや作品自体に時代を反映させていくことが大切です。

流行タイトルに便乗するのは アリ? ナシ?

一過性の流行りに左右されない作品タイトルを考え抜き
自分の手で流行を作るくらいの気構えが大切でしょう

 ネーミングセンスがあれば 凄まじい瞬発力で流行を生み出せる

　言葉遊びのような流行が巷を席巻しはじめたのは10年くらい前からでしょうか。たとえば『俺のイタリアン』をはじめ、『俺のフレンチ』『俺のスパニッシュ』『俺の焼肉』など、俺の株式会社によるユニークな飲食店名です。どの店舗も行列が絶えない人気店になりましたが、すぐに街には「俺の〜」「俺流〜」といった店が雨後の筍のように急増しました。

　奇抜な名前の高級食パン専門店が話題になったのも、記憶に新しいですね。『考えた人すごいわ』『どんだけ自己中』『生とサザンと完熟ボディ』『夜にパオーン』『乃木坂な妻たち』——食パンとはまるで無関係な名前の店舗が瞬く間に全国に現れて、ネット上でも大きくバズりました。これはベーカリープロデューサー・岸本拓也さんによる「(周知できれば)店名の賞味期限は1秒、1日で構わない」というマーケティング戦略が功を奏し、凄まじい瞬発力で流行を生み出したのです。

　そんな柳の下のドジョウを狙うべく、多くの人が真似をするのは飲食店だけではありません。創作世界でも流行を追う現象はよく見受けられます。

● 今、ネットでバズっている〝タイトル回収〟とは?
漫画や小説や映画で使われる演出手法。作中でタイトルと同じフレーズが言及されて真の意味が明らかになったり、クライマックスでタイトル文言が登場して表題の隠し持つテーマが明らかになったりすること。

◆ 〝売れる〟ためのマーケティングを優先し内容が伴っていないことも

本のなかでも特にビジネス書の分野では、流行を追う動きがスピーディかつ活発です。長い作品タイトルの話題は本書でも何度か触れましたが、今から10年以上前に刊行された『もし高校野球の女子マネージャーがドラッカーの『マネジメント』を読んだら』（岩崎夏海著）は、なろう系やラノベとは異なる潮流からミリオンセラーを記録し、同種のタイトルの本が多数出ました。

『さおだけ屋はなぜ潰れないのか？　身近な疑問からはじめる会計学』（山田真哉著）がミリオンセラーを記録したときも、疑問形タイトルが流行しました。

最近であれば、「シン〜」「超〜」「すごい〜」を模したタイトルや、「〜なさい」という命令形、「〜である」という断定形が流行っています。

一概には決めつけられませんが、流行を追うタイトルの本は往々にして〝売れる〟ためのマーケティングを優先するあまり、内容が伴っていないものが多いと感じます。逆に内容がイマイチでも、タイトルで売れてしまう場合が多々あります。あざとい手法ですが、あらゆる創作作品はそういう側面を持ち合わせているもの。**ただし、名著を目指すなら一過性の流行りに左右されないタイトルを自ら考え抜き、流行を作るくらいの気構えが大切でしょう。**

〝柳の下のドジョウ〟は1匹目でないと創作世界では成功しない

確かに……

小説作品では
サブタイトルも有効活用を

サブタイトルが付く小説は少ないですが、
書き手自身が必要と感じれば取り入れてみるのをおすすめします

✦ ファンの興味を掻き立てると同時に
物語の奥行きと幅広さをプレゼンテーション

　まず、ここでいうサブタイトルとは、章ごとに付けるタイトルのことではありません。作品そのものに付けるタイトルに付随して添えられる副題を指します。わかりやすい例として、映画『スター・ウォーズ』の初期3作品を取り上げましょう。

　『スター・ウォーズ エピソード4／新たなる希望』(1978年公開)

　『スター・ウォーズ エピソード5／帝国の逆襲』(1980年公開)

　『スター・ウォーズ エピソード6／ジェダイの帰還』(1983年公開)

　タイトルの『スター・ウォーズ』に対して、各作品の内容を総括する副題が付けられています。このようなシリーズものの場合（※次ページで詳しく解説）、個々に展開されるストーリーの大筋やテーマ性を提示することで、次作へのファンの興味を掻き立てると同時に、物語の奥行きと幅広さをプレゼンテーションできます。『スター・ウォーズ』のような壮大な時系列を物語るシリーズでは、サブタイトルなくして上映が成立しないくらい、非常に重要な役割を果たしているといえます。

● 1999年から順次上映された『スターウォーズ』前半3部作は次の通り
☑『スター・ウォーズ エピソード1／ファントム・メナス』(1999年公開)
☑『スター・ウォーズ エピソード2／クローンの攻撃』(2002年公開)
☑『スター・ウォーズ エピソード3／シスの復讐』(2005年公開)

長編連作の小説であれば
サブタイトルを付けたほうが読者に親切

なるほど
なるほど

炎の魚　黎明編
炎の魚　未来編
炎の魚　復活編
炎の魚　太陽編
炎の魚　地獄編

◆ 1冊で完結する小説では ほぼ存在しないといったほうがいい

　日本の作品で例を挙げるなら、映画化もされた大ヒット漫画『海街diary』（吉田秋生作）のサブタイトルが素晴らしいです。

　第1巻「蝉時雨のやむ頃」以降、「真昼の月」、「陽のあたる坂道」「帰れないふたり」「群青」「四月になれば彼女は」「あの日の青空」「恋と巡礼」と続き、最終巻「行ってくる」で完結します。サブタイトルを見ただけで、四姉妹のドラマを描いた各巻の情景が浮かび上がるようです。

　小説では村上春樹著『ねじまき鳥クロニクル』が秀逸です。第1部「泥棒かささぎ編」、第2部「予言する鳥編」、第3部「鳥刺し男編」と、村上ワールド全開で読者の心を鷲掴みにするサブタイトルになっています。**とはいえ、現在の小説でサブタイトルを付けた作品は多くありません。1冊で完結する小説では、ほぼ存在しないといったほうがいいでしょう。**

　理由はやはり、本タイトル自体が長めとなり、そこに作品の特性を訴求するようになったからです。あるいは謎を提起するタイトルスタイルの場合、冗長度が高くなる副題はそもそも不要です。もちろん判断するのは書き手自身であり、必要と感じればサブタイトルの有効活用をおすすめします。

シリーズ化の続編タイトルには多種多様なスタイルがある

登場人物やストーリーがつながっていなくても
シリーズ連作のようなイメージで売り出す手法もあります

◆ 最初から全7作の構成が決まっていた 『ハリー・ポッター』シリーズ

　前ページのサブタイトルに派生して、ここでは複数の連作で構成される〝シリーズ化〟についてさらに詳しく解説します。<u>小説でもアニメでも映画でも『スター・ウォーズ』のように〝シリーズ化〟して人気を博す作品は多々ありますが、重要なのはやはり連作タイトルの付け方です。</u>

　オーソドックスなのはシンプルに「2」「3」と、番号を付けるもの。古くは映画『ロッキー』シリーズが有名です。1作目（1977年）の大ヒットの2年後、1979年には第2作『ロッキー2』が、1982年には第3作『ロッキー3』が公開されました。シリーズはその後も続いたため、過去作との差別化を図るべく『ロッキー4　炎の友情』（1986年）、『ロッキー5　最後のドラマ』（1990年）、『ロッキー・ザ・ファイナル』（2007年）と、新作内容を総括するサブタイトルが補足されるようになりました。

　全7作からなる長編小説『ハリー・ポッター』シリーズは、『ハリー・ポッターと賢者の石』からはじまり、『ハリー・ポッターと死の秘宝』まで、すべてサブタイトルに各作の謎を紐解くキーワードが付けられています。

　こちらは「第1作がヒットしたから次作を作ろう」という成り行きスタイルではなく、最初から全7作構成が決まっていました。著者のJ.K.ローリング曰く、「本作品は各作のストーリーが密接に関係し、プロットが重要であるため、第1作を書き上げる前に全7作のプロットが完成していた」そうです。全作を通じてシリーズタイトルの完成度が高く、どれもが物語の内容にたがうことなく秀逸なのも納得です。

✦ 「この作者のこの作品テイストならまた読みたい」と思わせる新しい形の〝シリーズ化〟

「1作目が一番面白かった」とは、シリーズ連作に対する常套句。1作目のインパクトが一番強いため、第2作以降で超えるのがいかに難しいかを物語っています。そういう意味では、全作の評価が高い『ハリー・ポッター』は、刊行当初にプロットもタイトルも決まっていたからなし得た偉業といえます。

一方、登場人物やストーリーがつながっていなくても、シリーズ連作のようなイメージで売り出す手法もあります。

2019年本屋大賞第2位になった『ひと』(小野寺史宜著)と、翌年刊行の『まち』は累計30万部以上の大ヒットを記録しました。2022年には『いえ』が刊行され、こちらも人気の話題作です。『ひと』『まち』『いえ』の3作はシリーズ連作のようなタイトルで装丁も似ていますが、主人公は違い、物語も独立しています。ただ、ささいな日常生活の一端で若者たちが直面する苦悩や希望を描いた人間ドラマは、3作に共通しています。そして柔らかな独自の視点で捉えた人の優しさや切なさの描写は、読者に大きな感動を与えます。

「この作者のこの作品テイストならまた読みたい」と思わせる、新しい形の〝シリーズ化〟は大きなポテンシャルを秘め、今後定着するかもしれません。

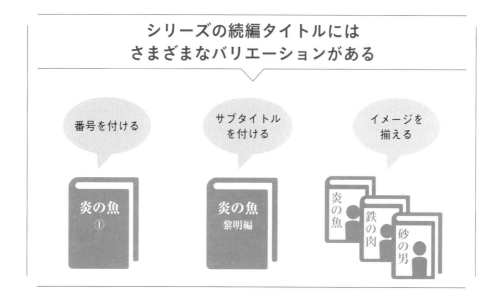

シリーズの続編タイトルにはさまざまなバリエーションがある

番号を付ける

サブタイトルを付ける

イメージを揃える

炎の魚
①

炎の魚
黎明編

炎の魚
鉄の肉
砂の男

小説投稿サイトでは章タイトルの名付けが重要

各章のタイトル自体に伏線を張ったり、フラグとして設定したりと綿密に構成する必要があります

◆ 作品タイトルとあらすじの次に重要なクオリティチェックの指針

　P.160の冒頭でちらりと触れた章タイトル（章題ともいいます）について解説します。

　こちらの用途に関しては、ひとつの顕著な傾向があります。それは、いわゆる〝なろう系〟の小説投稿サイトにアップされる作品には、ほぼ必須であるということ。それも作品タイトルと同様に、「多くを語る」章タイトルが好まれ、読者を呼び込むうえで外せないという、暗黙の了解があります。

　なぜなら、サイトに訪問した読者がタイトルに惹かれて作品ページを開くと、まず章タイトルを上から下までとりあえず一瞥し、読むに値するストーリーかどうかを査定するからです（P.153の補足説明を兼ねています）。数字だけが無機質に並んだ章立ての場合は「つまんなそう」と即断され、ただちにそのページを閉じられて未読に終わります。

　つまり、小説投稿サイトにおいて「多くを語る」章タイトルは、作品タイトルとあらすじの次に重要なクオリティチェックの指針となっています。

　この点を十分留意のうえ、投稿作品を仕上げましょう。

● 章タイトルで気をつけたい三大ポイント

① 全体構成でネタバレしないよう配慮する

② 章の内容から乖離したタイトルは付けない

③ 各章でメリハリのあるフレーズを意識する

◈ 自在に操って読者を惹きつけられれば 書き手としての大きな武器に

　一般的に章タイトルとは、その章に書かれている内容を簡潔かつ適切に表すものでなければならないといわれます。

　となれば「多くを語る」章タイトルを1章から最終章まで読み込めば、その作品の全体構成が把握できてしまいます。そればかりか物語において重要な転換点となるプロットポイントが、どの章に立てられているかネタバレするかもしれません。書き手からすると、この部分に抵抗を覚える人もいます（じつは私も同派です）。一般に書籍として刊行される小説で「多くを語る」章タイトルの付いた作品が少ないのは、ページをめくって通読することで内容を追ってほしいという、作者の気持ちの表れです。

　一方で、手練れの作家になると、章タイトル自体に伏線を張ったり、回収のためのフラグとして設定したりと、物語の綿密な構成に余念がありません。

　あるいは、章タイトルを見ただけでは内容を把握しかねる謎なフレーズを並べ、興味を促す仕掛けになっていることも。このレベルに達して章タイトルを自在に操り、読者を惹きつけられれば、書き手としての大きな武器になります。以降4ページにわたって章タイトルを深掘りしていきます。

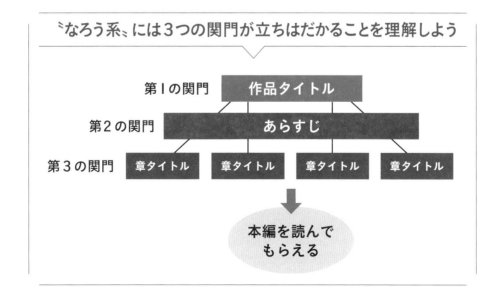

〝なろう系〟には3つの関門が立ちはだかることを理解しよう

第1の関門　作品タイトル

第2の関門　あらすじ

第3の関門　章タイトル　章タイトル　章タイトル　章タイトル

本編を読んでもらえる

章タイトルの
基本的な作り方

章タイトルはプロット完成後、または第1稿を
書き終えた段階で考えるのが一般的です

✦ ビギナーは本編執筆へと移行する段階で
仮の章タイトルをつける

「どの段階で章タイトルを付けるか——」と考える方は多いはず。

大きく分けて2通りの方法があります。

ビギナーの場合、プロットが完成して本編執筆へと移行する段階で、章立ての全体構成を組むと同時に、仮の章タイトルを付けましょう。まずはプロットに沿って各章で書くべき内容の大筋をまとめます。そうすればおのずと章タイトルに値するキーワードが明らかになります。このときの注意点として、最初から正式な章タイトルを付けようと気構えないことです。ひとつの単語でも漢字2文字の熟語でも大丈夫。できるだけ簡潔に、各章を表すワードを探してみましょう。いわばこれが各章の「核（コア）」を決めるプロセスとなり、プロットがさらにシンプルに整理されていくのです。

字数や枚数の制限がある文芸賞への応募作を執筆するなら、このプロセスを入念に行い、章から章へ移動するにつれ、物語のどういう山場がプロットポイントになるかを俯瞰すべきです。「核（コア）」がなかな見出せないようであれば、それは章のなかで物語が動いていない証拠になります。

● 初心者におすすめの執筆プロセス

第1段階：登場人物の名前と役割設定、物語のテーマを完成させる

第2段階：起承転結（あるいは三幕構成）でプロットを完成させる

第3段階：章立ての全体構成を組んで各章の仮タイトルを付けていく

書き慣れている人なら、第1稿の執筆を終えた段階で章タイトルを

　ある程度書き慣れている人なら、第1稿の執筆を終えた段階で章タイトルを考えましょう。書きながら要所要所での「核（コア）」はつねに意識します。その際、物語を完成させてから章ごとに区切る方法はおすすめしません。あくまでプロットラインに沿った章立てを最初に行ってから書き進めてください。なぜなら章立てを考慮せずに書き進めると、無意識のうちに物語の山場バランスが偏り、リーダビリティの欠落する箇所が出てしまうからです。

　読者目線で物語を考えた場合、各章に盛り上がる場面を均等に配し、最適なバランスで終盤のクライマックスへと向かわなければなりません。

　この点は書き手として周到な配慮が求められる大切なポイントとなります。

　当初の予定通り、プロットラインに沿った章立てで第1稿が完成したら、各章の盛り上がる場面でもっとも重要な役割を担う1行や台詞を抜粋します。それがそのまま章タイトルになり得るケースもあれば、全体でのまとまり感を出すため、若干の加筆修正による仕上げが必要なケースもあるでしょう。

　あるいはもしかすると、書き手自身思いもよらない珠玉のフレーズに出会える場合があります。

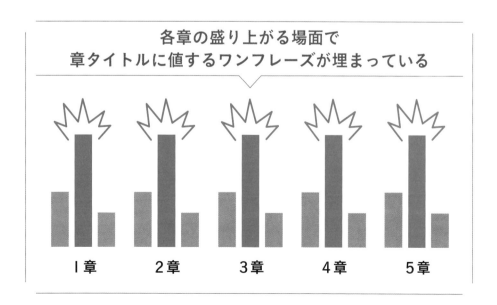

**各章の盛り上がる場面で
章タイトルに値するワンフレーズが埋まっている**

1章　　2章　　3章　　4章　　5章

すごい！と言わせる
章タイトルでの魅せ方

章タイトルにも趣向を凝らせば作品の幅が広がり
高いエンタメ性を読者に提供できます

◆ ミステリーやサスペンス、ホラーなら
犯人捜しや謎解きと絡めてギミックを効果的に

　章タイトルは各章を総括する見出し的な役割を果たすだけでなく、さまざまなギミックを効かせて作品に彩りを添えます。**とりわけミステリーやサスペンス、ホラーといったジャンルの物語なら、犯人捜しや謎解きと絡めた章タイトルにするのが効果的です**。応用編としての一例ですが、章タイトルに犯人の手掛かりやヒントを暗にほのめかすギミックがあります。

　以下のような章タイトルが付いたミステリー長編があるとしましょう。

【1章　糸口】【2章　逃走】【3章　運命】【4章　錯覚】【5章　狂気】

　各章タイトルの行頭文字を一字ずつピックアップして並べると、「い」「と」「う」「さ」「き」となりますね。じつは登場人物のなかに「伊藤紗季」という女性がいて、彼女が真犯人だという暗示を、章タイトルを使って作者が遊んでいるわけです。

　ただ語呂合わせをしているだけだと無意味なダジャレに終わってしまいますが、章タイトルと「伊藤紗季」なる人物の関わり合いにひねりがあれば、物語を読み終えたときに、読者はその仕掛けに驚き、ほくそ笑むのです。

● 一般的な章タイトルのパターン
- ☑ 漢字2文字の熟語で各章の出来事や主題を表す
- ☑ 主人公キャラの台詞からキーワードを抽出する
- ☑ 各章に登場する主要人物の名前だけを表記する

時系列、漢字、伏せ字、疑問文──
視点を変えればバリエーションは無限に

ほかにも趣向を凝らした章タイトルのギミックパターンがあります。それらの例をいくつか紹介していきましょう。

●「1月」「2月」「3月」や「2時55分」「3時18分」「4時9分」というふうに時系列の章タイトルを付けて時間経過をキーポイントにする

●「黒」「赤」「白」など色を表す1文字を入れ、登場人物との関係性からミステリーの謎を深めつつも謎解きのヒントとして真相を明らかにしていく

●すべての章タイトルに同じ漢字をあしらった熟語（たとえば「絞殺」「圧殺」「刺殺」「撲殺」「射殺」）を繰り返して物語のホラー感をアピールする

●「×」「△」「○」を用いた伏せ字を章タイトルに入れ、本編各章を読むことで隠された謎がひとつずつ解けるような仕掛けを施す

●各章から疑問文の台詞を1行ずつピックアップしてタイトルにし、それらの質問に対する答えを並べていくと犯人がわかるよう設定する

　視点を変えればバリエーションは無限です。章タイトルにも着眼して物語を作ることで、高いエンタメ性を持った作品を読者に提供できます。

　柔軟かつ斬新な発想力で勝負して、創作の可能性を広げてみてください。

**章タイトルを見ただけで謎が謎を呼ぶ物語は
読者の期待感を煽る**

出版社主催の新人賞の選考に通過しやすい作品タイトル

タイトルは応募者の真剣度が如実に反映されるため
自作に向き合って最適なものを探しましょう

✦ 由緒正しい新人賞となれば
応募総数は数百～数千にのぼる

　プロの作家として世にデビューしたい人にとって、まず目の前に立ちはだかる高い高い壁が公募の新人賞です。

　小説投稿サイトに作品をアップして人気と注目を集めたり、数あるネット系文芸賞にスマホから応募したりと、昨今はデビューの選択肢が多種多様、チャンスの幅は確実に広がっています。

　とはいえ、プロ作家として着実なる一歩を踏み出すには、やはり大手出版社主催の新人賞を受賞するのがベストでしょう。なぜなら大手出版社が主催する新人賞なら次の3つが確約されているからです(※)。

> ◆本の出版　　◆賞金　　◆担当編集者とのコネクション形成

　しかし、著名作家を輩出する由緒正しい新人賞となれば、応募総数は数百～数千にのぼり、多数のライバルたちとしのぎを削らなければなりません。

　応募作品のタイトルは、当然ながら重要な選考要素のひとつとなります。

※賞と出版社によって異なりますので事前にご確認ください

> ● 新人賞へ応募する前に必ずチェックしたい三大ポイント
> ① 本の出版が確約されているか?（文庫本か単行本かも要チェック）
> ② 過去にデビューした作家と、どういうジャンルの作品がヒットしたか?
> ③ 応募する自作と賞が求める作品カテゴリーが完全に合致しているか?

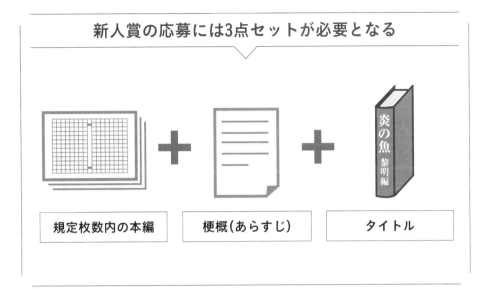

新人賞の応募には3点セットが必要となる

規定枚数内の本編 ＋ 梗概（あらすじ） ＋ タイトル

✦ 応募前に過去の受賞作を読み
賞の特性をよく調べること

　選考に際しては、規定枚数の本編以外に梗概とタイトルを添付します。

　梗概とはあらすじのことで、作品のテーマや意図を明確にするために必要です。そしてもちろん、タイトルは審査員の印象に多大な影響を及ぼします。選考に通過しやすいタイトルは以下のポイントを満たしています。

> **①独創性とインパクトがある　②時代に見合う　③作品性を表現している**

　一方、選考に落ちやすいタイトルは次のような傾向が挙げられます。

> **①既出作品の模倣　②漢字2文字など抽象的　③意味不明で謎**

　タイトルには応募者の真剣度が如実に反映されるため、自作に向き合って最適な表題を探すことが重要です。また、どんなに素晴らしい作品を応募しても、カテゴリーエラーであれば一次選考で落とされてしまうので注意しましょう。

ハイブリッドな兼業作家は
時代性に合っている

最大のメリットは現実的な社会活動の
第一線にコミットできている点

先のコラムで、小説や著述以外の仕事に触れた通り、現在は兼業作家です。当面、このハイブリッドスタンスでいろんな仕事に関わっていくつもりです。これは嘘偽りなく、「今の時代性に合っている」という正直な気持ちから。

コロナ以前もネットを駆使して仕事に取り組み、時間のロスなく、1日を最大限有効活用して多方面の案件をこなしていました。しかも自身がオーナーで会社を経営しているので、時間の制約はなく、自由に過ごせる生活です。

何より兼業作家の最大のメリットは、現実的な社会活動の第一線にコミットできている点に尽きます。長年にわたって広告の仕事をさせていただいているのは、東証一部上場クラスの大企業や、北米にHQを構える世界的大手の外資IT企業です。ご一緒させていただく広告代理店のクリエイティブスタッフも精鋭揃いで、日々仕事を通じてたくさんの刺激をもらっています。

もちろんクライアントの方々とのミーティングでも学ぶことばかり。特に20〜30代の方とのやりとりでは、ビジネスシーンの最先端を知ることができ、アイデアの源泉にもなっています。加えて仕事はものを書くことがメインなので、少なからず文章の勉強になりますし、多分野の知見を構築できるうえ、時流に対してつねに敏感になれています。これも兼業作家ならではのメリットかもしれません。

仕事の分散によるメンタル的効果も計り知れません。食いっぱぐれる心配がないので、物語を書いていても経済面でのプレッシャーはゼロです。

トータルで考えると、この状態が「時代性に合っている」という結論に行き着きます。今後もこのハイブリッドスタンスで仕事に関わりたいです。

書き込み式

クリエイターのための〝命名力〟検定

おさらいの意味を込めて、ここでは名付けに関するさまざまな問題を出題。本書で得た知識をもとに名付けに関するスキルを高めて、今後の創作活動に役立ててください。

キャラクターの〝人となり〟に見合った名前を付けましょう

P.16 〜 17

名前はキャラクターのイメージを決定づける重要な要素。
その人となりにしっくりくる名前であることが大切です

善玉

Q.善玉に合いそうな名前を3つ考えてみましょう

① _____

② _____

③ _____

悪玉

Q.悪玉に合いそうな名前を3つ考えてみましょう

① _____

② _____

③ _____

※参考画像：七三ゆきのアトリエ（https://nanamiyuki.com/）

5人の登場人物のフルネームを書き分けてみましょう

▼
P.30 ~ 31

5人それぞれの外見やイメージする人物像をもとに、
そのキャラクターらしさが伝わるような名前を付けてみましょう

〜〜〜〜〜〜〜〜

Q.男性の名前をそれぞれ考えましょう

Q.女性の名前をそれぞれ考えましょう

※私的使用に限り、コピーしてお使いください

色を使った登場人物の名前を考えましょう

P.42 〜 43

キャラクターのイメージカラーを名前に入れるのも
その人となりを伝えるためのひとつの手です

Q.次の色を使った男女の名前を考えてみましょう

蒼
男
女

紅
男
女

桜
男
女

橙
男
女

紫
男
女

白
男
女

歴史上の人物を参考にした
新たな名前を考えましょう

▼
P.48 ～ 49

キャラクターに歴史上の人物を反映させると、人物像に深みが出ます。
人柄をイメージしやすくもなるのでかなり使える手段です

Q.下記の戦国武将にちなんだ名前を考えてみましょう

織田信長

真田幸村

北条早雲

直江兼続

※私的使用に限り、コピーしてお使いください

数字を取り入れた登場人物の名前を考えましょう

▼
P.52 〜 53

名前に数字を取り入れるという方法もあります。
一風変わったものを使えば凝った名前にすることもできるでしょう

Q.次の数字を使った男女の名前を考えてみましょう

零
男
女

壱
男
女

弐
男
女

参
男
女

玖
男
女

千
男
女

ギャップとインパクトのある
タイトルを考えましょう

P.54〜55

物語の第一印象はタイトルで決まるといっても過言ではありません。
インパクトのあるものにすると、読者は手に取りたくなります

Q.下記のキーワードを使ったタイトルを考えてみましょう

キーワード	タイトル
遠足	
渋滞	
微笑み	
パンデミック	
男女共通	
新聞	
愛情	
チアガール	
貧困	
真犯人	

※私的使用に限り、コピーしてお使いください

書き込み式　クリエイターのための〝命名力〟検定

本書で紹介した
外国語の特徴を捉えましょう

▼
P.70 〜 85

物語を書くうえで、言語は切っても切り離せない要素です。
まずは、それぞれの言語の特徴を掴みましょう

Q.言語と特徴が合致するものを線で結びましょう

① イタリア語 ・　・ モダンかつエレガントな語感を持った言語　**A**

② ラテン語 ・　・ 声にすると跳ねて弾けるような語感が特徴　**B**

③ ロシア語 ・　・ ラテン語と同じく、古代からある言語　**C**

④ ドイツ語 ・　・ 母音で終わる単語が多く、日本人には耳馴染みがいいとされる言語　**D**

⑤ 英語 ・　・ 世界共通語としても知られ、日本人にも馴染みがある言語　**E**

⑥ フランス語 ・　・ キリル文字という表音文字が使われている言語　**F**

⑦ ギリシャ語 ・　・ 趣のある音を持った欧米の言語のルーツ　**G**

⑧ スペイン語 ・　・ 日本では医療現場で使われることが多い言語　**H**

男性キャラクターの
名前を考えてみましょう

▼
P.96 〜 97

男性とひと言にいっても、その人となりはさまざま。
イメージするキャラクターに合うような名前を付けることが大切です

─◆◆◆◆◆◆─

Q.下記の漢字を使って強そうな男性キャラの名前を考えましょう

| 武 | 烈 | 克 | 豪 | 護 | 虎 |
| 拳 | 猛 | 隆 | 力 | 獅 | 鷹 |

Q.下記の漢字を使って優しそうな男性キャラの名前を考えましょう

| 雅 | 俊 | 泰 | 恵 | 葵 | 安 |
| 藍 | 空 | 都 | 波 | 風 | 優 |

書き込み式 ── クリエイターのための〝命名力〟検定

女性&ジェンダーレスの
キャラクターの名前を考えてみましょう

▼
P.98 〜 99

前ページと同様に、女性やジェンダーレスキャラクターの名前も
考えてみましょう。性別を意識させない名前はかなり万能に使えます

Q.下記の漢字を使って女性キャラの名前を考えましょう

誓	真	珠	愛	結	都
洸	眞	彩	心	月	舞

Q.下記の漢字を使ってジェンダーレスキャラの名前を考えましょう

佳	玲	詩	奈	和	真
千	菜	理	瑞	泰	羽

悪役のキャラクター名や
キャラクターのあだ名を考えてみましょう

▼
P.104 ～ 107

悪役には毒気のある名前を、主要キャラクターには
親しみを感じさせるあだ名を考えてみましょう

Q.下記の苗字を使って悪役名を考えましょう

九鬼	怒木	狐鼻	愚川	破鬱	血矢
我蛭	毒島	鬼頭	忌部	竜神	血原

Q.下記の人物名にあだ名を付けましょう

佐藤		鈴木	
克己		瑠衣	
龍之介		野々花	

リアリティを感じさせる施設名や店名を考えましょう

▼

P120 〜 121、P.128 〜 129

施設やお店の名前も物語の設定には欠かせません。
リアリティがあり、かつ物語の世界観に合った名前にしましょう

Q.①〜⑩の施設名や店名を考えましょう

①コンビニ

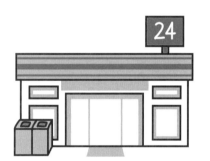

②デパート

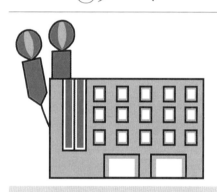

③学校

④病院

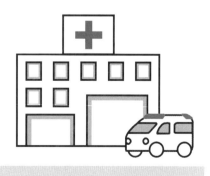

⑤ホテル

⑥スーパー

⑦ガソリンスタンド

⑧カフェ

⑨美容室

⑩ラーメン屋

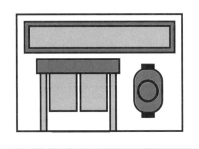

※私的使用に限り、コピーしてお使いください

書き込み式　クリエイターのための〝命名力〟検定

ファンタジーやバトルアクションに登場するものの名称を考えましょう

▼
P.138 ～ 143

道具や技も物語の世界観に寄り添う名前が必要です。
西洋と和風に分けて、それぞれに合った名前を考えてみましょう

P.138 ～ 143

Q.①～④の名前を考えましょう

①武器名

西洋ファンタジー	和風ファンタジー

②防具名

西洋ファンタジー	和風ファンタジー

③魔法名

西洋ファンタジー	和風ファンタジー

④必殺技名

西洋ファンタジー	和風ファンタジー

タイトルと章タイトルに関する
名付けの技法検定

▼
P.146～147、P.164～169

タイトルと章タイトルは読者の興味を引くものでなければいけません。
書きたいジャンルに合わせて作ってみましょう

Q.あなたが書きたいジャンルを選びましょう

エンターテインメント・純文学・ライトノベル・アクション

サスペンス・スポーツ・ヒューマンドラマ・恋愛小説・歴史小説

ホラー・ミステリー・時代小説・SF・ファンタジー

その他（　　　　　　　　　　　　　　　　　　　　）

Q.耳に残るフレーズを意識したタイトルを作りましょう

Q.読者が読みたくなるような章タイトルを考えましょう

1章	2章
3章	4章

※私的使用に限り、コピーしてお使いください

書き込み式　クリエイターのための〝命名力〟検定

命名力検定 模範解答集

ここでは、これまでの問いに対する答えと、著者・秀島迅による模範解答を
ご紹介します。ぜひ参考にして、自身の創作に活かしてみてください

P.174 善玉 ①浅野 颯汰 (あさの そうた)　②佐倉 星那 (さくら せな)　③盾門 凛 (たてかど りん)

悪玉 ①不知火 恭介 (しらぬい きょうすけ)　②破石 一冴 (はせき かずさ)　③氷室 彗蓮 (ひむろ すいれん)

P.175 男性 新藤 健一 (しんどう けんいち)　剣崎 玲司 (けんざき れいじ)　大森 玄 (おおもり げん)
橘 智祐 (たちばな ちひろ)　伊佐木 源次郎 (いさき げんじろう)

男性 桜井 蒼芭 (さくらい あおば)　林 小都音 (はやし こどね)　五十嵐 麗 (いがらし れい)
早坂 清香 (はやさか きよか)　瀬戸 文子 (せと ふみこ)

P.176

蒼	男 蒼斗 (あおと)	女 蒼巴生 (あおは)	紅	男 紅介 (こうすけ)	女 紅海 (くみ)
桜	男 桜史朗 (おうしろう)	女 凛桜 (りお)	橙	男 歩橙 (あゆと)	女 音橙葉 (おとは)
紫	男 紫星 (しせい)	女 紫桜莉 (しおり)	白	男 白翔 (あきと)	女 純白 (ましろ)

P.177 織田 信長　尾野田 将長 (おのだ のぶなが)　　真田 幸村　眞田 幸苑 (さなだ ゆきぞの)

北条 早雲　北條 双雲 (ほうじょう そううん)　　直江 兼続　直地 鐘次 (なおち かねつぐ)

P.178

零	男 零士 (れいじ)	女 彩零 (あお)	壱	男 壱織李 (いおり)	女 壱希 (いつき)
弐	男 海弐 (かいじ)	女 未来弐 (みくに)	参	男 参市朗 (さんしろう)	女 参祈 (みつき)
玖	男 悠玖 (はるく)	女 玖美 (くみ)	千	男 千嵩 (かずたか)	女 千紗季 (ちさき)

P.179 遠足　明日、僕は宇宙遠足に行かない　　渋滞　シリアルキラーは大渋滞がお好き

微笑み　さらば、微笑みと憂鬱の名探偵　　パンデミック　2029年パンデミック・シンドロームの屋上で

男女共通　一方通行の失恋事情は男女共通　　新聞　新聞受けのなかの彼女の黙殺について

愛情　午前三時の愛情ナパーム　　チアガール　翔べないチアガールと、踊れない僕の、
　　　　　　　　　　　　　　　　　　　　　　　　異世界転生したあの一件

貧困　貧困は超絶アイドルを育てるというなかれ　　真犯人　え？ #恋人は真犯人

P.180 ①－B　②－G　③－F　④－H　⑤－E　⑥－A　⑦－C　⑧－D

P.181	強そうな男性 キャラクター名	武龍 (たける)　烈史 (たけし)　克騎 (かつき)　豪男 (たけお)　叡護 (えいご) 海虎 (かいど)　拳士郎 (けんしろう)　猛滋 (たけしげ)　将隆 (のぶたか) 力羅 (ちから)　碧獅 (あおし)　鷹我 (おうが)

| 優しそうな男性
キャラクター名 | 悠雅 (ゆうが)　俊善 (としよし)　叶泰 (かなた)　恵都 (けいど)　晴葵 (はるき)
安純 (あすみ)　藍星 (あいせい)　大空 (そら)　凪都 (なぎど)　波琉 (はる)
風汰 (ふうた)　優羽 (ゆう) |

| **P.182** | 女性
キャラクター名 | 誓羽 (ちかう)　真実耶 (まみや)　莉珠那 (りずな)　七愛 (ななみ)　夢結 (めい)
小都莉 (ことり)　洸奈 (ひろな)　眞壽美 (ますみ)　陽彩 (ひいろ)　虹心 (にこ)
優月 (ゆづき)　安舞音 (あまね) |

| ジェンダーレス
キャラクター名 | 佳波 (よしは)　玲貴 (れいき)　詩苑 (しえん)　奈月 (なつき)　和葵 (なぎ)
悠真 (ゆうま)　千颯 (ちはや)　花菜気 (かなき)　理生 (りお)　瑞歩 (みずほ)
泰珠 (たいじゅ)　羽留 (はる) |

| **P.183** | 悪役名 | 九鬼権蔵　怒木兜介　孤鼻氷而　愚川叡　破鬱溜吉　血矢鋭汰　我蛭業
毒島倫平　鬼頭不遥　忌部亡羊　竜神荒助　血原妙臥 |

あだ名	佐藤　さとりん	鈴木　スッキー	克己　かっちゃん
	瑠衣　ルイルイ	龍之介　ドラゴン	野々花　のんの

P.184	①コンビニ　ライフマート	②デパート　東邦百貨店
	③学校　私立名瑛高校	④病院　開應大学付属病院
	⑤ホテル　サザンシティホテル	⑥スーパー　恵友ストア
	⑦ガソリンスタンド　サンライズ石油	⑧カフェ　カフェ・ド・パリス
	⑨美容室　ヘアサロン ナーヴェ	⑩ラーメン屋　ラーメン林羅

P.186	武器名	西洋ファンタジー　シュヴェールト	防具名	西洋ファンタジー　ブロッカーデ
		和風ファンタジー　斬鉄聖神剱		和風ファンタジー　無双盾
	魔法名	西洋ファンタジー　ヒュブノーティク	必殺技名	西洋ファンタジー　ゴルベ・モルタール
		和風ファンタジー　幻磨奇妖術		和風ファンタジー　一閃極界波

P.187	ジャンル　ミステリー	タイトル　『あなたは自分で復讐してはいけません』
	1章　その惨殺経緯	2章　不可避な死
	3章　負の告発者たち	4章　連鎖の果てに

命名ノウハウを習得すれば作品のクオリティをアップできる

　本書を最後までお読みくださり、ありがとうございます。

　名付けの基礎知識にはじまり、プロセス、実践と、全6章にわたってさまざまな角度から名前をテーマに解説してきました。

　今さらながら考えてみれば不思議なものです。私たちが住む現実世界の森羅万象——つまり、あらゆるモノや事象や現象には、当たり前のように名前が付いています。夜空に浮かぶ無数の星にも名前があり、地球上の陸海空に生息する生物種のほぼすべてに名前が付与されています。

　古今東西の誰かによってそれらは命名され、そして受け継がれ、他国言語に翻訳され、今もなお同じ呼称が使われています。あるいは、何かのきっかけで名前が変わっていったケースもあるでしょう。いずれにせよ、人は名付けることで対象を認識して理解し、受け入れたり拒否したりして、自分との最適な距離を見つけようとします。いわば名前とは「sign」（何らかの意味を持つしるし）であり、尺度の役割をも果たしていることになります。

　このような視点で捉えると、物語世界における名付けは、非常に重要な執筆活動の一端を担うといっていいでしょう。

　とりわけ、ビジュアル化できない小説やラノベの場合、文字だけで、どのような存在でどういう特性を持つのかを表さなければなりません。文章という制約の多い表現手法で、キャラクターなり、世界観なりを、意図するよう

に正確に読者へ伝えることの難しさがここにあります。

　しかも、考えてみてください。物語の読者は、あなたが名付けた主人公を
はじめとする登場人物の名前を、数百回、いえ、もしかすると数千回以上も
目にしながらストーリーを読み進めていくわけです。

　登場人物の名前ひとつひとつに、作家独自の個性とセンスが滲み出るとい
われますが、もし仮に読者から好きになってもらえない名前をうっかり主人
公に付けてしまえば、どんなに面白いストーリーであっても、その魅力は半
減するに違いありません。

　もしくは、役柄にまったくそぐわないアンバランスな名前を付けてしまう
と、読者の心を揺さぶることはできず、共感も感動も得られないでしょう。

　本書を１章から読んでいただければ、そのようなミスを未然に防げること
はもちろん、キャラクター本来の魅力を増幅させ、物語の面白さを格段に向
上させることができます。同時に、書き手として必須の知識といえる、本タ
イトルや章タイトルの役割を理解し、命名ノウハウを習得することで、作品
自体のクオリティと品格をアップグレードすることが可能となるでしょう。
『物語創作ノート』『語彙力図鑑』に続き、拙著『クリエイターのための』シリー
ズはこれで３冊目となります。「はじめに」で触れたように、本書が名付けにつ
いて〝？〟を抱える、迷える書き手さんの創作の一助となれば幸いです。

　最後に、いつも温かくサポートしてくださる担当編集の上原さま、細谷さま、
透明感ある素敵＆不思議イラストで表紙を飾ってくださる盟友456さま、そし
て何より本書シリーズを手に取ってくださった読者の皆さまに、あらためて
感謝いたします。

2023年 真夏の頃　　秀島 迅

秀島 迅（ひでしま じん）

青山学院大学経済学部卒。2015年、応募総数日本一の電撃小説大賞（KADOKAWA）から選出され、『さよなら、君のいない海』で単行本デビュー。小説家として文芸誌で執筆活動をしながら、芸能人や著名人のインタビュー、著述書、漫画原作などの執筆も行っている。近著代表作は長編青春小説『その一秒先を信じて　シロの篇／アカの篇』2作同時発売（講談社）。また、コピーライターや映像作家としての顔を持ち、企業CM制作のシナリオライティングなど、現在も月10本以上手掛けている。

X（旧Twitter）：@JinHideshima

BOOK STAFF

編集	細谷健次朗（株式会社G.B.）
編集協力	三ツ森陽和、吉川はるか
カバーイラスト	456
本文イラスト	真崎なこ
図版	森田千秋、松嶋かこ（Q.design）
装丁・本文デザイン	森田千秋（Q.design）
校正	聚珍社

プロの小説家が教える
クリエイターのための 名付けの技法書

2023年11月10日　第1刷発行

著　者　秀島迅（ひでしま じん）
発行者　吉田芳史
印刷所　株式会社文化カラー印刷
製本所　大口製本印刷株式会社
発行所　株式会社 日本文芸社
〒100-0003　東京都千代田区一ツ橋1-1-1 パレスサイドビル 8F
TEL 03-5224-6460 （代表）
内容に関するお問い合わせは、小社ウェブサイトお問い合わせフォームまでお願いいたします。
URL https://www.nihonbungeisha.co.jp/

Printed in Japan　112231030-112231030 Ⓝ 01　(201114)
ISBN978-4-537-22162-6
©Jin Hideshima 2023
編集担当　上原